MEIN *Wohlfühl* JOURNAL

DAS BUCH ZUM ENTSCHLEUNIGEN, ENTSPANNEN, WACHSEN UND AUFBLÜHEN

MEIN WOHLFÜHL-JOURNAL

Noch nie war das eigene Wohlbefinden so wichtig. Daher müssen wir dafür sorgen, dass es uns gutgeht, sowohl körperlich als auch geistig, und zwar ohne Schuldgefühle. Dieses Wohlfühl Journal hält verschiedene Achtsamkeitsübungen und Aufgaben bereit, die deinen Körper ebenso wie deinen Geist stärken und dich dazu anleiten, über dein Leben zu reflektieren. Gemeinsam werden wir die Methode des positiven Journaling nutzen, um Ziele festzustecken, uns positive Gewohnheiten anzueignen und herauszufinden, was uns dauerhaft glücklich macht.

Trainiere jeden Tag, dankbar zu sein! Überlege dir, mit welchen kleinen, liebevollen Gesten du dir selbst und anderen eine Freude machen kannst! Tue dir selbst etwas Gutes – indem du Sport treibst, dich gesund ernährst oder achtsam deine Kreativität auslebst! Zweck des Ganzen ist es, herauszufinden, mit welchen positiven Gewohnheiten du dein tägliches Wohlbefinden steigern kannst – und zwar 66 Tage lang. Dieses Wohlfühl Journal wird dich auf dem Weg dorthin begleiten.

IMPRESSUM

Titel der Originalausgabe:

The Wellbeing Journal

The Wellbeing Journal First Edition © 2019
Originally published in English by Future Publishing Limited, UK

TEXTE: Zara Gaspar, Rebecca Lewry-Gray
REDAKTEURIN: Rebecca Greig
LAYOUT: Katy Stokes
ILLUSTTRATIONEN: Getty Images

für die deutsche Ausgabe:

PRODUKTMANAGEMENT: Laila Prota
ÜBERSETZUNG: Nina Goldt
COVERGESTALTUNG: Tatjana Weiß
HERSTELLUNG: Katrin Röhlig
SATZ: WS – WerbeServce Linke, 76185 Karlsruhe
DRUCK: PNB Print Ltd, Lettland

1. Auflage 2022
ISBN 978-3-7724-4657-3 • Best.-Nr. 4657

INHALT

WILDER GEIST *weiches Herz* SANFTE SEELE

VORWORT DER REDAKTION

EIN GESUNDER, POSITIVER TAGESABLAUF IST DER ERSTE SCHRITT ZU MEHR WOHLBEFINDEN. DOCH SOLLTEST DU DABEI NIE DEINE ZIELE AUS DEM BLICK VERLIEREN.

Wenn uns das Jahr 2020 etwas gelehrt hat, dann, dass wir uns um uns selbst kümmern müssen – sowohl körperlich als auch geistig. Tatsächlich war das eigene Wohlbefinden noch nie so wichtig wie heute.

Ich komme ursprünglich aus Schottland, lebe aber in Südengland. Während des Lockdowns war ich also nicht nur von meinen engen Freunden getrennt, sondern auch von meiner Familie. Selbst als die Maßnahmen gelockert wurden, konnte ich meine Familie nicht zu einem Coronakonfor-men Spaziergang treffen. Da meine Freunde allesamt Familie und eigene Verpflichtungen haben, war ich plötzlich so einsam wie nie zuvor – und weil unsere Büroräume geschlossen wurden, konnte ich nicht einmal auf meine Kollegen zurückgreifen.

Dennoch hatte ich Glück, denn schon vor dem völlig verrückten Jahr 2020 hatte ich mir so etwas wie eine achtsame Tagesroutine angeeignet. Während der letzten 4 Jahre habe ich täglich ein Journal geführt und bereits Einiges über Achtsamkeit und mentale Gesundheit in Erfahrung gebracht.

Ein privates Journal zu führen, war keine bewusste Entscheidung; ich fing einfach an, über meinen Tag, meine Gedanken, Gefühle und Hoffnungen zu schreiben. Beim Journaling versuche ich, mich auf den Moment zu konzentrieren, und in der Regel kreisen meine Gedanken ausschließlich um das, was gerade passiert ist, beziehungsweise was unmittelbar bevorsteht.

Von Natur aus neige ich dazu, eine Menge Informationen und Erinnerungen in meinem Gedächtnis abzuspeichern, doch beim Journaling kann ich mir all das von der Seele schreiben. Diese Methode hat mich gelehrt, meine Gedanken zu ordnen und mir über meine Gefühle klarzuwerden – um so zu mehr mentaler Stärke und Achtsamkeit zu finden.

Wir können uns nicht aussuchen, welche Informationen unser Gehirn speichert, aber wir können uns durchaus dazu entscheiden, nicht an bestimmten Emotionen festzuhalten, sondern versuchen, loszulassen.

Als der Lockdown kam, wusste ich ziemlich genau, was ich tun musste, damit es mir gutging. Schon vorher hatte ich ja regelmäßig in mein Journal geschrieben und wusste aus eigener Erfahrung, dass ich aktiv bleiben musste und eine Aufgabe brauchte. Selbst an Tagen,

an denen es nichts zu berichten gab, machte ich damit weiter. Dann überlegte ich mir, wie ich meinen Tagesablauf möglichst aktiv gestalten konnte: Jeden Morgen lief ich zum Strand hinunter, ganz gleich, wie das Wetter war; mittags kochte ich für mich selbst; nachmittags machte ich Yoga, und trieb Sport und machte irgendetwas Kreatives.

In den ersten Monaten habe ich es mit dem Training allerdings übertrieben und zeitweise nicht mehr auf meine Gesundheit geachtet. Am Ende musste ich eine MRT-Untersuchung meiner Hüfte machen lassen und wurde angewiesen, mich zu schonen. Die Sache ist die: Wenn du einen gesunden und geeigneten Tagesablauf entwickelt hast, darfst du es nicht übertreiben. Horche immer wieder in dich hinein! Tue nichts, was dir letztendlich schaden könnte, und versuche, dir keine unrealistischen Ziele zu setzen.

Mithilfe dieses Journals wirst du herausfinden, was das Richtige für dich ist, und welche positiven Gewohnheiten dich mental und körperlich stärker machen. Dazu werden wir dir unterschiedliche Arten von Journaling vorstellen und dich dabei unterstützen, eine tägliche Routine zu entwickeln. Gemeinsam werden wir herausarbeiten, wie du dich mehr um dich selbst kümmern kannst.

Rebecca Greig

WOHLBEFINDEN HEISST, SICH WOHLZUFÜHLEN

JEDER VON UNS STREBT DANACH, GLÜCKLICHER ZU SEIN. JETZT IST ES AN DER ZEIT, IN SICH HINEINZUHORCHEN UND SICH ZU FRAGEN: WAS BRAUCHE ICH, UM MICH SOWOHL GEISTIG ALS AUCH KÖRPERLICH BESSER ZU FÜHLEN?

Wohlbefinden ist subjektiv; es lässt sich nicht allgemeingültig definieren oder messen; denn Wohlbefinden ist individuell und persönlich. Für dich kann es etwas ganz Anderes bedeuten als für deine Freundin. Außerdem gibt es unterschiedliche Kategorien von Wohlbefinden: Spirituelles Wohlbefinden, emotionales Wohlbefinden, körperliches Wohlbefinden, soziales Wohlbefinden, ökonomisches Wohlbefinden und intellektuelles Wohlbefinden. Es bezieht sich also gleichermaßen auf Körper und Geist, und je glücklicher und gesünder wir sind – sowohl körperlich als auch geistig –, desto besser funktionieren wir.

Viele Leute denken womöglich, „Wohlbefinden" sei bloß ein Schlagwort, mit dem für neue Produkte oder Kurse geworben wird, die unser Wohlbefinden „steigern" sollen; dabei muss es gar nicht viel kosten. Ein stabiles Wohlbefinden heißt, kurz gesagt, dass du imstande bist, die Herausforderungen des täglichen Lebens aus eigener Kraft zu meistern. Das Leben ist, wie dein Wohlbefinden, ein Balanceakt: Wenn deine Kräfte schwinden und du dich überfordert fühlst, geht es dir schlechter. Bist du unterfordert, macht dich das wiederum träge, und dein Wohlbefinden stagniert.

Wenn wir unser Wohlbefinden steigern möchten, können wir uns dafür Ziele setzen. Auch wenn du dein Ziel nicht erreichst, kannst du dennoch darüber nachdenken, warum es nicht geklappt hat – hast du dir ein zu hohes Ziel gesteckt? Versuche lieber, dein Wohlbefinden in kleinen Schritten, Woche für Woche, zu steigern. Wähle eine bestimmte Tageszeit für dein Vorhaben aus, damit du es nicht vergisst – und während dieser Zeit tust du dir selbst etwas Gutes. Das kann eine Kleinigkeit sein, wie eine To-Do-Liste schreiben oder auch ein Nickerchen halten.

Natürlich verändert sich im Laufe des Lebens unser geistiges und körperliches Befinden. Es kommt darauf an, die goldene Mitte zu finden. Während du dich um dein mentales und körperliches Wohlbefinden kümmerst, solltest du notieren, was sich über Tage, Wochen oder sogar Monate hinweg in deinem Leben verändert. Dadurch lassen sich mögliche Trigger oder sensible Themen erkennen, und du lernst, diese zu entschärfen, noch bevor du damit konfrontiert wirst. Auf diese Weise erfährst du mehr über dich selbst, und wie du dir selbst etwas Gutes tun kannst.

Dein Verständnis von Wohlbefinden hängt von mehreren Faktoren ab, zum Beispiel von früheren Erlebnissen, Traumata und von deiner Einstellung zum Leben. Vermutlich hast du bereits eine Ahnung davon, was du brauchst, um dich wohlzufühlen. Zwar kannst du weder die Vergangenheit noch deine Reaktion darauf ändern. Doch deine jetzige Einstellung und

WAS HEISST WOHLBEFINDEN?

Laut des äußerst nüchternen Wörterbuch-Eintrags bezeichnet „Wohlbefinden" den Zustand von Zufriedenheit, Gesundheit oder Glück – ein ziemlich schwammiger Begriff also. Mentales Wohlbefinden hat damit zu tun, wie wir die Welt und uns selbst wahrnehmen, und damit, wie wir die Herausforderungen des Lebens meistern. Nur wenn wir uns um unser Wohlbefinden kümmern, können wir selbstbewusst, aktiv und glücklich sein.

deine Sicht auf die Zukunft kannst du durchaus ändern. Sich selbst zu akzeptieren ist der Schlüssel zum Wohlbefinden, ob nun geistig oder körperlich.

Es gibt so viele Möglichkeiten, unser körperliches und geistiges Wohlbefinden zu steigern. Deine Gesundheit sollte dabei oberste Priorität haben: Achte auf ausreichend Bewegung, ausgewogene Ernährung und genug Schlaf und Ruhe. Eine gesunde Lebensweise ist essenziell; schließlich sind Körper und Geist untrennbar miteinander verbunden; alles hängt zusammen. Wenn du körperlich aktiv bist, wirst du automatisch nach neuen sportlichen Herausforderungen Ausschau halten.

Dasselbe gilt für dein mentales Wohlbefinden: Ein neues Hobby hilft dir, geistig fit zu bleiben. Außerdem ist es wichtig, kreativ zu sein; denn kreative Beschäftigungen (wie Zeichnen, Stricken, Singen, Malen) helfen uns dabei, Stress abzubauen, zyklisches Denken zu unterbinden oder Probleme wiederzukäuen. Sich von einem Problem abzulenken, mag zunächst widersinnig erscheinen, aber tatsächlich trägt genau das oft zur Lösung des Problems bei – denn während wir gezielt mit den Händen arbeiten, wird im Hintergrund unser Gehirn aktiv! Wenn man sich an etwas Neuem versucht und irgendwann den Dreh raushat, fühlt man sich einfach großartig – das ist ein echter Stimmungsaufheller! Auch kann man über seine Hobbies neue Kontakte oder Freundschaften knüpfen.

Damit das Ganze nicht zu anstrengend wird, solltest du ausreichend Zeit zum Relaxen einplanen. Schließlich bist du keine Maschine. Jeder Mensch braucht Ruhezeiten und muss hin und wieder auch mal „Nichts" tun.

Der Kontakt zu Mitmenschen kann dein geistiges und körperliches Wohlbefinden steigern. Zwischenmenschliche Beziehungen stärken uns, ganz gleich, ob wir diejenigen sind, die Hilfe anbieten oder um Hilfe bitten. Wie John Donne schrieb: „Niemand ist eine Insel", denn durch unsere Beziehungen verändern wir unsere eigene Lebenseinstellung, und die unserer Mitmenschen, zum Positiven.

DIE DINGE ZU PAPIER BRINGEN

Fast jeder von uns hatte als Teenager ein Tagebuch – dort konnten wir all die verwirrenden Gefühle und Enttäuschungen niederschreiben. Ein Journal ist eine Art Tagebuch für Erwachsene. Darin drücken wir uns selbst aus, führen Buch über das, was uns stresst, aber auch über die Dinge, die unser Leben schöner machen! Journaling geht ganz einfach, du brauchst nur ein paar Minuten pro Tag zu investieren, und wenn du es mal vergisst, ist das auch kein Drama. Journaling heißt, sich Zeit für sich selbst zu nehmen und seinen Gedanken freien Lauf zu lassen – was du dabei zu Papier bringst, brauchst du mit niemand Anderem zu teilen.

WAS GEHT DIR DURCH DEN KOPF?

LASS DEINEN GEDANKEN FREIEN LAUF UND NOTIERE AUF DIESER SEITE, WAS DU GERADE DENKST UND FÜHLST.

Mir fehlen Kontakte und eine Herausforderung, die mich glücklich macht. Ich frage mich immer ob ich genug tue, meine Möglichkeiten ausschöpfe, den Hunger nach leben durch Essen stille. Ich erwarte von mir oft zuviel.

DEINEN ALLTAG UMKREMPELN

JEDER VON UNS HAT SO SEINE GEWOHNHEITEN – NUR IST UNS DAS VIELLEICHT NICHT IMMER BEWUSST! WENN DU ALSO – ZUGUNSTEN VON MEHR WOHLBEFINDEN – DEINEN TAGESABLAUF ÄNDERST, WIRD ES DIR ZUNÄCHST VERMUTLICH SCHWERFALLEN, AM BALL ZU BLEIBEN.

Ein geregelter Tagesablauf gibt uns das Gefühl, unser Leben unter Kontrolle zu haben; er hilft uns, fokussiert zu bleiben, und sorgt für mehr Ausgeglichenheit!

ALLES AUFSCHREIBEN

Journaling ist hervorragend geeignet, um sich an einen neuen oder veränderten Tagesablauf zu gewöhnen. Die sogenannte Braindump-Methode sorgt für Klarheit im Kopf, während dir eine Checkliste oder ein Habit Tracker verraten, welche neuen Gewohnheiten du wie gut umgesetzt hast. Solche Listen halten uns bei der Stange, denn schließlich bricht niemand gern mit erfolgreichen Gewohnheiten!

Auch hilft uns Journaling dabei, die richtige Balance zu finden. Das Leben ist ein Balanceakt, und sobald wir auf Autopilot schalten, verlieren wir das Wesentliche aus dem Blick; konzentrierst du dich zum Beispiel ausschließlich auf den Job, vernachlässigst du dein Privatleben, und umgekehrt. Außerdem wirst du dich selbst sehr viel besser fühlen, wenn du siehst, wieviel du an einem Tag geschafft hast.

REALISTISCH BLEIBEN

Einen Tagesablauf zu entwickeln, der zwar mehr Wellness beinhaltet, aber mit deinem Alltag unvereinbar ist, macht wenig Sinn. Wenn dir die nötige Zeit fehlt, um jeden Abend eine frische, gesunde Mahlzeit zu kochen, dann streiche diesen Punkt lieber von der Liste! Andernfalls wirst du bloß scheitern und dich deshalb mies fühlen. Für den Anfang reichen kleine Veränderungen, also zum Beispiel mehr Gemüse zum Abendessen – das lässt sich leicht umsetzen und wird rasch zur Gewohnheit!

SPASS MUSS SEIN

Mehr Achtsamkeit im Alltag bedeutet nicht, dass du wie ein Mönch leben sollst. Falls Meditation und Atemtechnik für dich nach Anstrengung klingen, solltest du für etwas Auflockerung in deinem Tagesablauf sorgen! Mache dir die belebende Wirkung von Musik zunutze und spüre, wie dein Körper auf sie reagiert; lache ohne konkreten Grund, oder nimm dir Zeit, um an etwas zurückzudenken, das dich zum Lächeln bringt. Schließlich hat man nur ein Leben, und das sollte man ganz bewusst genießen. Du wirst feststellen, dass du automatisch eine positivere Einstellung zum Leben gewinnst und obendrein belastbarer wirst.

WIE EIN UHRWERK

Bevor du deinen Tagesablauf veränderst, solltest du dir darüber klarwerden, was dir wirklich wichtig ist. Teile die wichtigsten Punkte in mehrere, kleinere Ziele auf und schaffe die Voraussetzungen dafür, diese umsetzen zu können. Eine gesunde Ernährung lässt sich beispielsweise nur umsetzen, wenn man vorher auch einkaufen gehen konnte. Gehe die Veränderungen langsam an und versuche, dabei feste Zeiten einzuhalten. Bald wirst du gar nicht mehr groß über deine neuen Routinen nachdenken – sie laufen dann wie von selbst ab! Als zusätzliche Motivation kannst du dir überlegen, womit du dich belohnst, sobald du einen Meilenstein erreicht hast oder wenn du eine bestimmte Zeit durchgehalten hast.

WICHTIGE PUNKTE IM TAGESABLAUF

Positive Gewohnheiten lassen sich auf unterschiedlichste Art in den Alltag integrieren. Bei der Planung deines neuen oder abgewandelten Tagesablaufs kannst du das Pferd ruhig von hinten aufzäumen und bei deiner Abendroutine beginnen. Das mag vielleicht komisch klingen, aber dein Tag beginnt in Wirklichkeit schon am Abend zuvor, nämlich wenn du dich, noch vor dem Schlafengehen, auf ihn vorbereitest! Lege dir am Vorabend das Outfit für den nächsten Tag raus, anstatt morgens hektisch danach zu suchen; bereite dir dein Frühstück vor und packe deine Tasche für den nächsten Arbeitstag. Schalte möglichst früh am Abend alle technischen Geräte aus und gönne dir ausreichend Schlaf – wenn du weißt, dass der Großteil deiner Morgenroutine schon erledigt ist, wirst du besser schlafen können!

Morgens ist meist Hektik angesagt, doch mit einer einfachen Routine startest du gesünder und positiver in den Tag. Eigentlich lässt sich alles bewusst und achtsam umsetzen; so kann zum Beispiel das Kaffeetrinken (oder Teetrinken) am Morgen bereits eine Art Meditation sein. Ein kleines Ritual für die Sinne!

Zu jeder Tageszeit kannst du einen sogenannten Check In – einen Moment der inneren Einkehr – einbauen. Meist bietet sich dafür die Mittagszeit an. Halte inne und frage dich: Welche drei Dinge kannst du in diesem Augenblick fühlen, hören und sehen? Wenn wir im Alltag auf Autopilot schalten, lassen wir uns, wie gesagt, gerne vom Wesentlichen ablenken. Also nutze diese Übungen – egal, ob du gerade den Abwasch machst oder deine Mails checkst – um deine Achtsamkeit zu trainieren und dich aufs Hier und Jetzt zu besinnen.

NETT ZU SICH SELBST SEIN

Wenn wir versuchen, uns an einen neuen oder veränderten Tagesablauf zu gewöhnen, scheitern wir häufig. Wir haben schrecklich hohe Erwartungen an uns selbst, denen wir meist gar nicht gewachsen sind – und am Ende fühlen wir uns noch mieser als vorher! Achtsam sein heißt, bewusst wahrnehmen, ohne zu bewerten. Wir sollten also nicht zu streng zu uns sein, sondern uns Fehltritte erlauben; schließlich sind wir auch nur Menschen, und im Leben läuft es nicht immer so wie gedacht oder geplant. Ärgere dich nicht über dein vermeintliches Scheitern, sondern halte einen Moment inne, um dich wieder zu sammeln. Besinne dich auf deine Ziele und versuche, weiter am Ball zu bleiben. Morgen ist ein neuer Tag. Sei nett zu dir selbst!

ORDNUNG IM ALLTAG

Für dein Wohlbefinden ist ein geregelter Tagesablauf das A und O. Um sicherzustellen, dass dein Tagesablauf dir guttut, solltest du erst einmal für Ordnung sorgen. Liste dazu all die Dinge auf, die du gerne streichen willst, sowie all die Dinge, die du auf jeden Fall beibehalten oder hinzufügen willst.

Diese Dinge möchte ich aus meinem Tagesablauf streichen:

- zu viel Zeit am PC

Diese Dinge möchte ich in meinen Tagesablauf integrieren:

- Sport
- regelmäßiges Malen
- Nähen
- gesund kochen u. Essen
- Kontakte auf bauen und Pflegen
- mich mehr um mein Aussehen kümmern

AUS ALT MACH NEU

UNSER GEHIRN SPEICHERT ALLES MÖGLICHE, AUCH ALTE GEWOHNHEITEN (FAHRRADFAHREN ZUM BEISPIEL VERLERNT MAN NICHT, SELBST WENN MAN JAHRELANG AUF KEINEM GESESSEN HAT). ABER MANCHMAL LOHNT ES SICH, ALTE GEWOHNHEITEN GEGEN NEUE EINZUTAUSCHEN.

WAS SIND GEWOHNHEITEN?

Gewohnheiten sind im Grunde (neuronale) Verknüpfungen im Gehirn. Sie sind deshalb so effizient, da du sie automatisch ausführst und sich dein Gehirn dabei anderen Dingen widmen kann. Vielleicht war dir das bisher nicht bewusst, aber gewisse Dinge tun wir wie von selbst bzw. aufgrund bestimmter Reize. Das heißt, dein Gehirn kennt den Unterschied zwischen ‚guten' und ‚schlechten' Gewohnheiten (wie Fingernägelkauen oder übermäßiger Social-Media-Konsum!) nicht. Hinzu kommt, dass Gewohnheiten, die uns Spaß machen, dummerweise die Produktion des Glückshormons Dopamin anregen. So werden wir dazu verleitet, die betreffende Gewohnheit zu wiederholen. Die gute Nachricht ist, dass wir mithilfe von Achtsamkeitsübungen unsere schlechten Gewohnheiten ablegen und unsere guten Gewohnheiten fördern können.

MIT SCHLECHTEN GEWOHNHEITEN BRECHEN

Versuche, achtsam zu sein und zu beobachten, was deine Gewohnheiten (ob ‚gut' oder ‚schlecht') in dir bewirken. Dabei wirst du feststellen, dass das Gehirn stets einem bestimmten Muster – bestehend aus Auslöser, Handlung und Belohnung – folgt. Indem wir uns ganz bewusst mit dem Auslöser befassen, können wir den damit verbundenen Mechanismus abschalten. Wenn eine schlechte Gewohnheit ihre hässliche Fratze zeigt, sollten wir zunächst einmal nach dem „Warum?" fragen. Atme tief durch, nimm den Moment wahr und sei nett zu dir selbst. Wenn du merkst, wie deine Gedanken abschweifen oder du dir selbst nicht mehr gut zuredest, dann führe dich sanft zur jeweiligen Aufgabe zurück. Schließlich sollst du dich nicht quälen, sondern dich selbst besser verstehen. Was empfindest du, und warum, wenn du eine bestimmte Gewohnheit (das heißt ein Verhaltensmuster) entwickelst? Geht es dir dabei um Bequemlichkeit? Ließe sich dieses Bedürfnis auch auf andere, gesündere Weise stillen?

DURCHHALTEN!

Lange Zeit glaubte man, eine Gewohnheit zu etablieren, würde 21 Tage dauern. Aber keine Sorge, falls du diese ‚magische Zahl' jemals überschreiten musstest! Die Studie, auf der diese falsche Erkenntnis basiert, stammt aus dem Jahr 1960! Im Jahr 2009 fanden Forscher des Londoner University College heraus, dass es zwischen einem Monat und einem Jahr dauert, eine neue Gewohnheit zu etablieren. Die durchschnittliche Dauer hierfür beträgt 66 Tage. Also sei geduldig und beharrlich – denn vermutlich dauert es länger, als du denkst, bis etwas wirklich zur Gewohnheit wird.

ACHTSAME GEWOHNHEITEN

Positive Gewohnheiten, die deinen Alltag bereichern gibt es wie Sand am Meer. Darüber hinaus gibt es eine Vielzahl an achtsamen Gewohnheiten. Dabei gilt: Lass es ruhig angehen! Versuche nicht alle neuen Gewohnheiten auf einmal umzusetzen – daran würdest du bloß scheitern; und das Gefühl, zu scheitern, ist nicht das, wonach wir streben.

Untergliedere deine Gewohnheiten in folgende Kategorien: Physisch – das heißt seine Umgebung wahrnehmen, tief durchatmen, bewusst essen; emotional – das heißt dankbar sein, weinen, wenn dir danach ist; intellektuell – das heißt seiner Intuition folgen, nett zu sich selbst und zu anderen sein; und kreativ – das heißt lesen, kreative Beschäftigungen wie Kochen, Malen etc. bewusst zu erleben.

Vergiss nicht, dass Achtsamkeit vor allem heißt, im Hier und Jetzt zu leben. Also nimm stets bewusst wahr, was du gerade erlebst. Versuche, das Leben voll auszukosten und Spaß an deinen neuen Gewohnheiten zu haben. Sei nett zu dir selbst und denke immer daran, dass nichts so bleibt, wie es ist. Auch wenn eine neue Gewohnheit sich zunächst gut in deinen Alltag integrieren lässt, muss das nicht notgedrungen so bleiben.

SCHREIBE ES AUF!

Journaling hilft dir, wie erwähnt dabei, neue Gewohnheiten zu etablieren. Schreibe deine Vorsätze auf – was willst du erreichen und warum? Das „Warum" fragt dabei nach deinem endgültigen Ziel und motiviert dich, am Ball zu bleiben. Behalte dieses Ziel immer vor Augen. Auch Habit Tracker helfen dir, deine guten – ebenso wie deine schlechten! – Gewohnheiten zu dokumentieren. Statt eine endlose To-Do-Listen zu schreiben, lege dir lieber eine Tabelle an! Oben oder am Rand notierst du das Datum, und in der anderen Spalte deine ‚habits'. Wenn du eine Gewohnheit erfolgreich umgesetzt hast (oder wenn du mit einer Gewohnheit gebrochen hast), darfst du das jeweilige Feld bunt ausmalen. Beobachte, wie du dich fühlst, wenn du eine ganze Zeile ausgemalt hast! Dafür kannst du deine z.B. Lieblingsfarben benutzen oder verschiedene Farben, nehmen.

WAS, WENN DU SCHEITERST?

Solltest du mal scheitern – und das wirst du, denn du bist auch nur ein Mensch –, gibt es mehrere hilfreiche Strategien, damit umzugehen. Entscheidend ist, die Messlatte nicht zu hoch zu hängen und nett zu dir selbst zu sein. Einen Tag auszusetzen, ist völlig ok, solange es nicht mehrere Tage am Stück sind!

ALLER ANFANG IST SCHWER

Im Schnitt dauert es zwischen 18 und 250 Tagen, bis eine neue Verhaltensweise zur Gewohnheit wird; doch manchen Menschen fällt es besonders schwer, sich an eine Sache zu gewöhnen. Nicht jeder ist nämlich empfänglich für Gewohnheiten. Falls du dich selbst zu dieser Gruppe zählst, musst du umso nachsichtiger mit dir sein. Sein Verhalten zu ändern, ist nicht leicht, erst recht nicht, wenn man ein hartes Training beginnen oder eine ‚schlechte' Gewohnheit loswerden möchte.

DEINE GEWOHNHEITEN

AUF DIESER SEITE KANNST DU FESTHALTEN, WELCHE VON DEINEN GEWOHNHEITEN DEINER MEINUNG NACH GUT UND WELCHE SCHLECHT SIND.

Meine schlechten Gewohnheiten: ....

....

....

....

....

Meine guten Gewohnheiten: ....

....

....

....

....

Diese neuen, positiven Gewohnheiten möchte ich gerne in meinen Alltag integrieren: ....

....

....

....

....

AUF

Regen

FOLGT

Sonnenschein

POSITIVES DENKEN

AN DEINER SITUATION KANNST DU VIELLEICHT NICHTS ÄNDERN – AN DEINER DENKWEISE SCHON. BETRACHTE DAS GLAS ALS HALB VOLL, NICHT ALS HALB LEER! DANN KANNST DU ALLES SCHAFFEN.

WARUM POSITIVES DENKEN SO WICHTIG IST

Positive Gedanken führen zu positiven Ergebnissen. Studien haben gezeigt, dass eine positive Einstellung nicht nur glücklicher macht, sondern auch dein Wohlbefinden und sogar dein Verhalten positiv beeinflusst.

DER WEG ZUM GLÜCK

Wenn du gut gelaunt und optimistisch in den Tag startest, wird es dir automatisch besser gehen, als wenn du den Tag mit negativen Gedanken beginnst. Missmut führt zu nix, aber sobald du dich dazu entschieden hast, das Positive zu sehen, wird das Glück von ganz allein zu dir kommen.

LANGFRISTIG GLÜCKLICH SEIN

Positiv zu denken ist nicht immer einfach, zumal Glück meist nicht von Dauer ist. Wenn uns etwas Positives widerfährt, freuen wir uns zwar erstmal darüber, aber dann vergessen wir es wieder. Passiert uns hingegen etwas Negatives, haben wir ewig daran zu knabbern. Zum Glück kannst du schon mit kleinen Veränderungen dauerhaft glücklicher werden. Shopping sorgt vielleicht kurzfristig für gute Laune, aber auf lange Sicht brauchst du Erfahrungen, die dir Zuversicht und einen Sinn im Leben geben. Lerne, die kleinen Dinge zu schätzen, knüpfe Kontakte (in der realen Welt) und nehme jeden Augenblick ganz bewusst wahr. Anstatt über die Vergangenheit nachzugrübeln oder dich vor der Zukunft zu fürchten, solltest du den Moment leben. Dann wirst du viel zufriedener sein!

GESÜNDER LEBEN

Dich auf die positiven Dinge zu konzentrieren, kann dich mental und körperlich stärker machen. Studien belegen, dass eine positive Lebenseinstellung nicht bloß hilft, Stress zu bewältigen, sondern auch deine Abwehrkräfte stärkt (sodass du zum Beispiel besser gegen Erkältung geschützt bist), Herz-Kreislauf-Erkrankungen vorbeugt und sogar deine Lebenserwartung erhöht. Positiv denkende Menschen sind meist aktiver, ernähren sich gesünder und greifen seltener zur Zigarette, da sie im Allgemeinen zufrieden und ausgeglichen sind.

ZIELE VERWIRKLICHEN

Untersuchungen haben ergeben, dass positives Denken Leistung und Produktivität steigert. Wenn du nur auf der Couch herumliegst und dich selbst bemitleidest, wirst du sicher keinen neuen Job finden. Motiviere dich lieber, indem du dich auf die positiven Dinge konzentrierst und deine Optionen auflistest, zum Beispiel eine Fortbildung zu machen! Menschen mit einer positiven Einstellung sind häufig erfolgreicher, weil sie versuchen, Hürden zu überwinden, und weil sie an ihren Erfolg glauben.

MIT SICH SELBST REDEN

Das Selbstgespräch ist eine schwierige Übung auf dem Weg zum positiven Denken. Was du dir selbst sagst, spielt dabei eine wesentliche Rolle. In Gedanken sehen wir gerne alles schwarz. Wenn du beispielsweise Schokolade isst, obwohl du eigentlich abnehmen möchtest, solltest du dich nicht dafür hassen. Was würdest du zu einer Freundin sagen, die in derselben Situation ist? Du würdest sie bestimmt nicht anschreien, sondern ihr raten, nachsichtig mit sich zu sein. Sprich mit dir selbst so, wie du mit deinen Mitmenschen reden würdest – das hilft dir, positiver zu denken. Lass dir Zeit, sei geduldig und nett. Sage dir selbst immer wieder, dass du es schaffen kannst. Irgendwann wirst du an deine Worte glauben.

KLEIN ANFANGEN

Seine Einstellung zu ändern, ist schwer, wenn es gerade nicht so gut läuft. Also nimm dir nicht zu viel vor! Liste deine negativen Gedanken auf und vergiss die „Wenn"-Regel nicht: Rede dir nicht ein, dass du glücklicher sein wirst, wenn du jemanden triffst, wenn du einen Job findest oder wenn du fitter bist. Du kannst schon jetzt glücklich sein und gleichzeitig diese Ziele ansteuern. Konzentriere dich auf eine Sache und lass es ruhig angehen. Du willst fitter werden? Dann melde dich nicht gleich zu einem Marathon an! Damit setzt du dich nur übermäßig unter Druck und wärst enttäuscht, wenn du scheiterst. Arbeite stattdessen Schritt für Schritt auf dein Ziel hin, zum Beispiel indem du statt des Aufzugs die Treppe nimmst.

POSITIVES DENKEN TRAINIEREN

Positives Denken hat viel mit Achtsamkeit zu tun. Es bringt gar nichts, morgens mit einer positiven Einstellung aufzuwachen, nur um sich nachmittags wieder mies zu fühlen. Halte tagsüber immer wieder inne und überlege, ob du das, was du gerade tust, gern oder ungern erledigst. Außerdem solltest du ein Hobby haben, das dir Freude macht, und dich mit positiven Menschen umgeben. Treibe am Tag mindestens 30 Minuten Sport, lese, meditiere, nimm dir Zeit für dich, unterhalte dich mit einer Freundin, lache, lächele!

DAS LEBEN WERTSCHÄTZEN

Schreibe jeden Tag drei Dinge auf, für die du dankbar bist. An Tagen, an denen nichts so richtig klappt, fällt dir das vielleicht schwer; aber es hebt deine Laune, positive Erlebnisse zu erkennen und sich an sie zu erinnern. Auch wenn es nur eine Kleinigkeit ist, wie die Sonne auf dem Gesicht zu spüren. Meist denken wir eher an negative Erlebnisse zurück, doch indem wir die positiven aufschreiben, besinnen wir uns auf all das, wofür wir dankbar sein sollten. Positives Denken lernt man nicht über Nacht. Es braucht etwas Übung, aber du wirst es schaffen!

TOXIC POSITIVITY

So wichtig positives Denken auch ist – wir können nicht ständig glücklich sein, und wir sollten unsere Gefühle weder verdrängen noch leugnen. „Toxic Positivity“ (im Deutschen „giftige Positivität“) beschreibt das Phänomen, wenn jemand stets versucht, positiv zu sein – unabhängig von der jeweiligen Situation. Ratschläge wie „Positiv bleiben“, „Es könnte schlimmer sein“ oder „Glücklichsein ist eine Entscheidung“ sind unter Umständen Gift, weil sie dafür sorgen, dass man sich für seine negativen Gefühle schämt. Dabei ist es völlig ok, in schwierigen Situationen traurig oder wütend zu sein. Wer seine Gefühle nicht annimmt, kann sie auch nicht überwinden, und bekommt womöglich auch keine Unterstützung aus seinem Umfeld. Eine positive Einstellung zu haben, heißt nicht, nie negativ zu sein. Jedes Gefühl hat schließlich seine Berechtigung. Wir sollten fühlen dürfen, was immer wir gerade fühlen, ob es nun um den Verlust eines Elternteils oder des Arbeitsplatzes geht. Nur dürfen wir nicht an den negativen Gefühlen festhalten, sondern lieber, soweit möglich, hoffnungsvoll nach vorne blicken.

POSITIVES JOURNALING

JEDER TAG HAT GUTE UND SCHLECHTE SEITEN, DOCH VIEL ZU OFT ERINNERN WIR UNS NUR AN DAS SCHLECHTE, WOHINGEGEN WIR DAS GUTE VERGESSEN. VERSUCHE, DEINE POSITIVEN ERFAHRUNGEN BEWUSSTER WAHRZUNEHMEN, GANZ EGAL, WIE UNBEDEUTEND SIE SIND. NOTIERE DIR AM ENDE JEDES TAGES DREI POSITIVE EREIGNISSE!

MO
1. ....
2. ....
3. ....

DI
1. ....
2. ....
3. ....

MI
1. ....
2. ....
3. ....

DO
1. ....
2. ....
3. ....

FR
1. ....
2. ....
3. ....

SA
1. ....
2. ....
3. ....

SO
1. ....
2. ....
3. ....

BEHALTE DIESE ABENDLICHE ROUTINE BEI! WENN DU DIR DIE POSITIVEN DINGE VOR AUGEN HÄLTST, WIRD SICH DEINE STIMMUNG LANGFRISTIG VERBESSERN.

POSITIVE ERFAHRUNGEN

SCHREIBE AUF, BEI WELCHEN GELEGENHEITEN DU FOLGENDE EIGENSCHAFTEN AN DEN TAG GELEGT HAST:

MUT

....

....

....

FREUNDLICHKEIT

....

....

....

....

....

....

SELBSTLOSIGKEIT

....

....

....

....

....

....

LIEBE

LEIDENSCHAFT

WEISHEIT

GLÜCKLICHSEIN

ENTSCHLOSSENHEIT

BEHERRSCHE DEINE GEFÜHLE!

WENN DU DAS NÄCHSTE MAL JEMANDEN DAFÜR VERANTWORTLICH MACHST, WIE DU DICH FÜHLST, DANN DENKE DARAN: DU ALLEIN HAST DIE KONTROLLE ÜBER DEINE EMOTIONEN.

DEINE EMOTIONEN – DEINE VERANTWORTUNG

Eleanor Roosevelt hat mal gesagt: „Niemand kann dir, ohne deine Zustimmung, das Gefühl geben, minderwertig zu sein." Wenn eine Person uns ärgert, sind wir traurig, wütend, enttäuscht oder schämen uns. Mit Sätzen wie „Er hat mir das Gefühl gegeben, bescheuert zu sein" oder „Sie hat mir das Gefühl gegeben, ein Niemand zu sein" machen wir diese Person dafür verantwortlich, wie wir uns fühlen. Wenn dich jemand beleidigt, kannst du dich entweder darüber aufregen oder deine Emotionen in den Griff kriegen – es liegt an dir! Lass dich nicht von deinen Emotionen steuern. Du allein entscheidest, wie du auf Beleidigungen, ob berechtigt oder nicht, reagierst. Anstatt andere zu beschuldigen, solltest du in dich hineinhorchen. Du selbst musst die Verantwortung für deine Emotionen übernehmen. Wenn du dich das nächste Mal über etwas aufregst, versuche, die Situation von außen zu betrachten. Entweder gibst du zu, dass du aufgrund deiner eigenen Überzeugungen und Erwartungen traurig oder wütend bist, und überlegst, was du dagegen machen kannst, oder du gibst demjenigen die Schuld und bist weiterhin traurig oder wütend. Wenn du lernst, deine Gefühle zu beherrschen, wirst du nicht nur zufriedener sein, sondern auch besser mit schwierigen Situationen umgehen können.

ALLE GEFÜHLE WERTSCHÄTZEN

Unser ganzes Leben streben wir danach, glücklich zu sein; doch dazu gehört auch, alle Gefühle anzunehmen. Wenn jemand aus deinem Umfeld stirbt, musst du trauern; und wenn du nicht befördert wirst, darfst du enttäuscht sein. Es ist wichtig, seine Emotionen nicht zu ignorieren; also sei ruhig traurig, wütend oder enttäuscht. Je mehr du deine Gefühle verdrängst, desto schwieriger wirst du sie wieder los. Früher wurde uns oft gesagt „Sei ein Mann" oder „Sei kein Weichei", doch solche Ratschläge sind nicht hilfreich. Je länger du deine Gefühle unterdrückst, desto mächtiger werden sie, bis sie irgendwann überquellen und alles nur noch schlimmer machen.

SELBSTWAHRNEHMUNG LERNEN

Häufig verdrängen wir unsere Gefühle, anstatt sie zu akzeptieren. Wenn wir enttäuscht darüber sind, dass wir nicht abnehmen, trösten wir uns mit Essen; wir arbeiten nachts, obwohl wir gestresst sind, und putzen wie verrückt oder treffen ständig Leute, nur um ja nicht über das nachzudenken, was uns eigentlich umtreibt. Rede dir nicht ein, dass du irgendeine Sache abhaken musst, das etwas unwichtig oder längst vorbei ist, sondern stelle dich deinen Gefühlen. Erst wenn dir klar ist, warum du deine Gefühle verdrängst, kannst du sie verarbeiten und nach vorn schauen.

SICH SELBST BEOBACHTEN

Um deine Emotionen in den Griff zu kriegen, musst du sie erst einmal richtig wahrnehmen. Überlege, wie du dich gerade fühlst, und versuche, diese Emotion näher zu bestimmen. Bist du bloß verärgert oder fühlst du dich betrogen? Bist du gestresst oder nur genervt? Je genauer du deine Gefühle kennst, desto besser kannst du sie bewältigen. Lass deine Emotionen durch dich hindurchfließen. Was immer du empfindest, wird vorbeigehen.

SEI NETT ZU DIR SELBST

Auch in Gefühlsfragen gilt: Falsche Gefühle gibt es nicht. Zwar streben wir alle nach Glück, aber im Leben geht es nicht nur ums Glücklichsein. Konzentriere dich auf den Moment und lass jede einzelne deiner Emotionen zu. Zu scheitern, ist in Ordnung; sei nicht zu hart, sondern sei nett zu dir selbst.

DRÜBER REDEN

Es ist immer gut, sich bei Freunden und Familie Rat zu holen. Über deine Gefühle zu sprechen, hilft dir, sie zu verarbeiten. Bei gravierenden Problemen kannst du dich auch an einen Psychologen oder Psychotherapeuten wenden.

GEDANKEN NIEDERSCHREIBEN

Journaling kann dir auch dabei helfen, deine Emotionen besser zu verstehen. Schreibe auf, welche Gefühle jemand in dir ausgelöst hat, also zum Beispiel „Ich war so wütend, weil mir die Leute gar nicht zugehört haben". Denke noch einmal drüber nach und notiere dann darunter, wie du deine Gefühle in den Griff bekommen kannst, etwa „Ich war wütend, weil mir die Leute nicht zuhören wollten, aber nicht *sie* bestimmen, wie ich mich fühle. Ich werde also ruhig bleiben und sie bitten, mir zuzuhören."

WANN SOLLTE MAN SICH HILFE SUCHEN?

Natürlich kann man nicht immer nur glücklich sein, aber manchmal nimmt die Traurigkeit überhand. Ein paar Tage auf der Couch vor sich hin zu brüten, weil es mit der erhofften Beförderung nicht geklappt hat, ist völlig normal – anders ist es bei einer Depression. Woher weiß man, dass es an der Zeit ist, sich professionelle Hilfe zu suchen? Du fühlst dich entmutigt, kannst nicht mehr schlafen oder schläfst den ganzen Tag? Du kannst alltägliche Dinge nicht mehr bewältigen oder hast keine Freude mehr daran? Hast du Stimmungsschwankungen, denkst du darüber nach, dich selbst zu verletzen oder hat sich dein Essverhalten merklich verändert? Trinkst du, oder nimmst andere Drogen ein, um deine Gefühle zu unterdrücken? Wenn du niemanden hast, der dich unterstützt, und wenn dir alles hoffnungslos erscheint, ist es Zeit, dir professionelle Hilfe zu holen.

ES LIEGT IN DEINER HAND!

WAS KÖNNTEST DU TUN ODER VERÄNDERN, UM DICH MEHR UM DICH SELBST ZU KÜMMERN?

LASS LOS!

MANCHE DINGE IM LEBEN LASSEN SICH NICHT ÄNDERN. WENN DU DAS AKZEPTIERST, WIRST DU NICHT NUR DAS GROSSE GANZE ERKENNEN, SONDERN DICH AUCH DEUTLICH ERLEICHTERT FÜHLEN.

AKZEPTANZ LERNEN

Nicht alles im Leben verläuft nach Plan. Ob du gerade eine Scheidung durchmachst oder in einen Autounfall geraten bist – das Schicksal kann jederzeit zuschlagen. Das Leben ist unberechenbar und manchmal ungerecht, aber nur du selbst kannst etwas an der Situation ändern, ganz gleich, wer schuld ist. Du bestimmst, was du empfindest und wie du reagierst. Lerne zu akzeptieren, dass sich gewisse Dinge nicht ändern lassen. Dadurch wirst du nicht nur deine innere Ruhe finden, sondern es werden sich auch neue Chancen ergeben.

DAS GROSSE GANZE BETRACHTEN

Wenn du ständig darüber nachdenkst, was alles hätte anders laufen können, und was nicht, machst du dich damit nur selbst verrückt. Betrachte lieber den größeren Zusammenhang! Darüber nachzugrübeln, was du hättest tun können, um zum Beispiel einen Autounfall zu vermeiden, ändert nichts daran, dass dieser Unfall geschehen ist. Halte dich an die Fakten und erkenne deine Ängste. Womöglich hast du Angst, dass dein Boss dich feuern könnte, weil du wegen des Unfalls zu spät zur Arbeit kommst, oder dass du dir die Reparatur nicht leisten kannst. Anstatt von dem Schlimmsten auszugehen, solltest du die Situation aus einem anderen Blickwinkel betrachten. Beruhen deine Überlegungen auf Fakten oder Vermutungen? Dein Boss wird wahrscheinlich Verständnis für deine Verspätung haben, und zumindest wurdest du nicht ernsthaft verletzt. Dass du einen Unfall hattest, daran kannst du nichts ändern, aber einen Katastrophenfall heraufzubeschwören, macht die Situation gewiss nicht besser.

DEN DINGEN IHREN LAUF LASSEN

Nimm die Dinge hin, die du nicht ändern kannst, und konzentriere dich auf die Dinge, die du ändern kannst! Das wird nicht nur deine Einstellung positiv verändern; du wirst dich auch unbeschwerter fühlen, wirst mehr Energie haben, um das zu tun, was du gerne tust, und du wirst diese Dinge mehr zu schätzen wissen. Wenn man seinen Blickwinkel ändert, eröffnen sich manchmal neue Chancen. Dann fühlst du dich besser, weil du dich selbst weniger unter Druck setzt, und im Gegenzug passiert dir vielleicht etwas Gutes.

STRESSMANAGEMENT

Möglicherweise hilft es dir, wenn du zunächst all jene Dinge auflistest, die du kontrollieren kannst (wie du empfindest und reagierst), gefolgt von allem, was du nicht kontrollieren kannst (das Glatteis auf der Fahrbahn, wie dein Boss reagieren oder was die Reparatur kosten wird). Anschließend listest du die Dinge auf, die du aktiv beeinflussen kannst. Du kannst mit deinem Boss reden und ihm erklären, was passiert ist; du kannst in den kommenden Wochen mehr arbeiten, um die verlorene Arbeitszeit nachzuholen, oder auch mit dem anderen Autofahrer sprechen. Wahrscheinlich hat dein Boss Verständnis für dich, und vielleicht verlangt der andere Fahrer gar keinen Schadensersatz. Doch bis dahin solltest du dich auf das konzentrieren, was du kontrollieren kannst, und alle anderen Dinge loslassen. Hör auf, die Dinge in Gedanken zu verzerren, und überlege dir, wie du den Stress am besten bewältigen kannst.

Negatives DENKEN WIRD NIE ZU EINEM positiven LEBEN FÜHREN

DAS POSITIVE SEHEN

Vielleicht hast du gerade eine vernichtende Niederlage eingesteckt, doch das ist noch kein Grund, sich selbst fertigzumachen. Vielleicht war es nicht dein Plan, mit 30 Single zu sein. Trotzdem solltest du nicht ständig über deine enttäuschten Erwartungen nachdenken. Überlege dir, was du vom Leben willst, und wie du es erreichen kannst. Sei dir im Klaren darüber, ob du eine Situation oder eine andere Person zu kontrollieren versuchst. Hast du vielleicht an einer Beziehung festgehalten, obwohl sie eigentlich längst vorbei war? Lass die Vergangenheit los und ziehe aus deinen Erfahrungen eine Lehre! Das heißt natürlich nicht, dass du nicht mehr wütend oder traurig sein sollst. Wenn eine Beziehung in die Brüche geht, muss man trauern; nur bist du damit nicht allein. Alle machen mal eine schwere Zeit durch. Vergleiche dich auch nicht mit anderen. Andere Pärchen wirken vielleicht glücklich, aber das könnte auch nur Fassade sein. Lerne, das Positive zu sehen und Chancen zu nutzen. Wenn du nicht allein sein willst, gehe aus und lerne neue Leute kennen! Oder willst du lieber deine neu gewonnene Freiheit genießen? Dann gehe auf Reisen oder suche dir ein neues Hobby! Veränderungen können eine Chance sein und vielleicht sogar ein paar positive Überraschungen mit sich bringen. Mach, was immer du willst! Du brauchst nur loszulegen.

JOURNAL FÜR MEHR SELBSTWERTGEFÜHL

MO

Was habe ich heute gut gemacht? ......

Was hat mir heute Spaß gemacht? ......

Worauf bin ich stolz? ......

DIE

Was habe ich heute geschafft? ......

Welche positive Erfahrung habe ich gemacht? ......

Wie habe ich jemandem geholfen? ......

MI

Was hat mir heute ein gutes Gefühl gegeben? ......

Wann war ich auf jemand anderen stolz? ......

Warum war der heutige Tag interessant? ......

DO

Worauf bin ich stolz? ......

Wie habe ich jemandem eine Freude gemacht? ......

Was hat mir heute Spaß gemacht? ......

FR

Was habe ich heute gelernt? ......

Wobei war ich heute erfolgreich? ......

Worauf bin ich stolz? ......

SA

Wie habe ich jemandem eine Freude gemacht? ......

Was habe ich heute Schönes erlebt? ......

Was hat mir heute Spaß gemacht? ......

SO

Worauf bin ich stolz? ......

Was hat mir heute ein gutes Gefühl gegeben? ......

Wann war ich auf jemand anderen stolz? ......

DAS LEBEN MEINER *Träume*

BESTE ABSICHTEN

WIR ALLE SETZEN UNS ZIELE. ABER ZIELE KÖNNEN SCHWER ZU ERREICHEN SEIN, WENN WIR SIE ALS ENDPUNKT BETRACHTEN UND NICHT ALS ZEICHEN EINER LAUFENDEN VERÄNDERUNG IN UNSEREM LEBEN.

WOZU ZIELE SETZEN?

Kurz gesagt, helfen uns Ziele fokussiert zu bleiben. Unser Alltag ist laut und hektisch, und voller Aufgaben, die dringend erledigt werden müssen. Allzu leicht lassen wir uns von unwichtigen Dingen ablenken, die uns plötzlich dazwischenfunken, und vernachlässigen dadurch die wichtigen Dinge (ohne Deadlines). Dabei verlieren wir das Wesentliche aus dem Blick. Rasch entsteht so der Eindruck, dass auf deiner To-Do-Liste lauter Dinge stehen, die dir in puncto Selbstverwirklichung überhaupt nicht weiterhelfen. Wenn wir uns aber ein Ziel setzen und dieses auch erreichen, fühlen wir uns automatisch besser, weil wir dadurch im Leben voranschreiten.

Zusätzlich können wir auch einzelne Schritte festlegen, die uns dem gewünschten Ergebnis näherbringen; so kommen wir nicht so leicht vom Weg ab und halten außerdem die von uns selbst gesetzten Deadlines ein. Darüber hinaus gehen wir, sobald wir ein Ziel (oder einen Vorsatz) formulieren, ein Versprechen mit uns selbst ein. Also eine weitere Motivation, durchzuhalten! Wenn du magst, teile also ruhig deinen Angehörigen oder Freunden mit, was deine Ziele oder Vorhaben sind. Damit wird das Ganze nicht nur verbindlicher, sondern du bekommst vielleicht sogar unerwartet zusätzliche Unterstützung.

MEILENSTEINE

Wenn du dir ein Ziel setzt, zerlege es in bekömmliche Teilziele (für jeden Meilenstein solltest du dir etwa einen Monat Zeit geben). Sagen wir, dein Ziel ist es, noch vor deinem 50. Geburtstag einen Marathon zu laufen, dann könnte dein Vorsatz lauten: „Laufen hält mich fit und gesund, und macht mich glücklich". Indem du dies umsetzt, näherst du dich beständig deinem Ziel. Anschließend kannst du es problemlos in Meilensteine unterteilen.

KURZ- UND LANGFRISTIGE ZIELE

Ein kurzfristiges Ziel ist etwas, das in der nahen Zukunft (meist innerhalb eines Jahres oder weniger) verwirklicht werden soll, zum Beispiel tägliches Journaling, morgens ein bisschen früher aufzustehen, mehr Networking, seine Schulden zu begleichen oder regelmäßig seinen Schreibtisch aufzuräumen. Kurzfristige Ziele bringen schnell Erfolgserlebnisse und ein rasches Feedback – man merkt sofort, ob etwas funktioniert oder nicht. Langfristige Ziele konzentrieren sich auf ein Resultat in der (fernen) Zukunft, sie erfordern normalerweise viel Planung, und bis man sie erreicht hat, vergehen meist ein paar Jahre. Am besten konzentrierst du dich daher auf nur ein langfristiges Ziel; sich zu viele Ziele zu setzen, führt bloß zu Misserfolgen! Für den Fall, dass dir der Unterschied zwischen lang- und kurzfristigen Zielen noch nicht ganz klar ist, denke einfach an deinen Lebenstraum – den wirst du auf keinen Fall in einer Woche verwirklichen. Also nicht verzagen, falls du bis nächsten Monat noch nicht diesen oder jenen TED Talk gehalten hast.

POSITIV BLEIBEN

Unsere Emotionen wirken sich auf unsere beruflichen, schulischen und privaten Leistungen aus. Ziele und Absichten motivieren uns dazu, auf etwas hinzuarbeiten, und gut bekömmliche Teilziele sorgen für das nötige Erfolgserlebnis!

Unterwegs zu stolpern, hat nichts mit persönlichem Versagen zu tun – das solltest du dir stets klarmachen. Wir sind schließlich nur Menschen und sollten uns selbst gegenüber verständnisvoll sein. Frage dich, was der Grund für das ‚Versagen' ist und was du daraus lernen kannst – hättest du dich besser vorbereiten können? Hast du dich durch andere Projekte ablenken lassen? Versuche, der Sache (ohne Wertung!) auf den Grund zu gehen. Falls du dich dabei im Kreis drehst, atme einmal tief durch, spüre deine Atmung und deinen Körper. Rede dir selbst gut zu, so wie einer Freundin, und dann versuche es erneut.

VORSÄTZE

Vorsätze sind spannend. Man könnte sie mit Wunschdenken verwechseln; schließlich schreibt man bloß auf, was man erreichen möchte. Doch gerade das In-Worte-fassen hilft dir, dich im Leben zu orientieren und auf Kurs zu bleiben. Ein Vorhaben zu formulieren, verschafft dir mehr Klarheit darüber, was wirklich wichtig ist, vor allem, wenn du mit ‚zu vielen' Ideen und Zielen auf einmal konfrontiert bist. Wahrscheinlich werden sich einige davon auf den selben Vorsatz zurückführen lassen!

Um einen Vorsatz zu formulieren, solltest du dir Zeit nehmen und auf deine innere Stimme hören. Denn es sagt etwas darüber aus, wer du wirklich bist (ohne äußere Einflüsse) und wer du sein willst. Ein Vorsatz ist also ein positives Bekenntnis zu den Dingen, die du verkörpern möchtest. Am besten formulierst du zunächst ein „ich"-Statement, das dein Ziel untermauert.

DEIN VORSATZ, DEINE ZIELE

VORSATZ

ZIEL

ZIEL

ZIEL

Gesundheit BEGINNT IM Kopf

GESUNDER KÖRPER, GESUNDER GEIST

SPORT FÖRDERT NICHT NUR DEINE KÖRPERLICHE, SONDERN AUCH DEINE GEISTIGE GESUNDHEIT – UND DAMIT DEIN GESAMTES WOHLBEFINDEN.

Sport tut uns gut – so viel steht fest. Körperliche Betätigung kräftigt deine Knochen und Muskeln, macht dich weniger anfällig für Krankheiten und Verletzungen und verlängert deine Lebenserwartung. Doch nicht nur dein Körper wird davon profitieren; Sport fördert auch unsere geistige Gesundheit und unsere Wohlbefinden. Beim Sport schütten wir Endorphine aus, die unsere Stimmung und unser Energielevel heben. Täglich 15 Minuten Joggen oder eine Stunde Spazierengehen kann dieselbe Wirkung haben wie ein Antidepressivum. Mehr Bewegung mindert Stress und innere Unruhe, lässt dich besser schlafen, schärft dein Gedächtnis und steigert dein Selbstwertgefühl.

EIN SCHRITT NACH DEM ANDEREN

Du musst nicht stundenlang im Fitnessstudio schwitzen oder gleich einen Marathon laufen – auch kurze Bewegungseinheiten können viel bewirken. Ziel ist es, sich möglichst jeden Tag etwas Zeit für eine sportliche Aktivität zu reservieren. Beginne zum Beispiel mit 15 bis 30 Minuten Spazierengehen und steigere dich dann langsam.

HINDERNISSE

Wenn du eher selten Sport treibst, wird es dir anfangs womöglich schwer fallen; aber selbst 5 Minuten Sport pro Tag sind besser als nichts. Entscheidend dabei ist, sich nicht zu überfordern. Falls du nicht gerne ins Fitnessstudio gehst, sondern lieber alleine trainieren möchtest, versuche es doch mit einem flotten Spaziergang an der frischen Luft. Ziehe bequeme Kleidung an, überlege dir, zu welcher Tageszeit du die meiste Energie hast, und verabrede dich vielleicht mit einer Freundin oder einem Freund, damit ihr gemeinsam mit dem Training starten könnt. Überlege dir Aktivitäten, die Spaß machen, also zum Beispiel Fangenspielen mit deinen Kindern im Garten, Minigolfen oder Wandern gehen auf einem Naturpfad. Versuche einfach, dich mehr zu bewegen, etwa während du die Wohnung putzt oder indem du zum Supermarkt läufst, anstatt das Auto zu nehmen. Wer klein anfängt, wird schon bald Resultate sehen.

IN JEDEM VON UNS STECKT EIN KRIEGER

YOGA IST NICHT BLOSS EINE BEWEGUNGSFORM; ES IST EINE TRADITIONELLE PRAXIS, DIE KÖRPER UND GEIST INS PERFEKTE GLEICHGEWICHT BRINGT.

Bei Yoga denkt man vielleicht erst einmal an eine Gruppe von Menschen, die im Schneidersitz auf Matten hocken und „Om" sagen. Doch mehrmals pro Woche Yoga zu praktizieren, hat sowohl auf den Körper als auch den Geist eine positive Wirkung. Beim Training, das Atemtechnik, Meditation und verschiedenen Körperübungen umfasst, werden Kraft, Gleichgewichtssinn und Flexibilität geschult. Studien haben gezeigt, dass Yoga nicht nur gut gegen Stress und innere Unruhe wirkt, sondern auch Entzündungen sowie chronische Beschwerden lindert und das Herz-Kreislauf-System stärkt. Außerdem trägt es zu einem besseren Schlaf bei und mildert Migränebeschwerden. Yoga lehrt dich, achtsam zu sein, was wiederum deine allgemeine Gesundheit verbessert.

LOS GEHT'S

Der Weg ins Fitnessstudio ist kein Muss, denn im Internet findest du unzählige Yoga-Videos für Anfänger. Alles, was du brauchst, sind eine Yogamatte und bequeme Kleidung. Dein Coach sollte professionell und dir sympathisch sein. Wichtig ist außerdem, dass du deine Grenzen kennst und auf deinen Körper hörst. Wenn du zum ersten Mal Yoga machst, bist du wahrscheinlich nicht so gelenkig wie dein Coach. Und falls du einen Yoga-Kurs besuchst, vergleiche dich nicht mit den anderen TeilnehmerInnen. Konzentriere dich auf dich selbst, atme und lächele.

HALTUNG ZEIGEN

Die verschiedenen Yoga-Haltungen umfassen Standhaltungen (wie Berghaltung, herabschauender Hund und Krieger), Gleichgewichtsübungen (wie der Baum), Rückbeugen (wie Katze/Kuh, Brücke, Kobra), Sitzhaltungen (Lotussitz) und Ruheposen (Kindsposition). Du brauchst nicht direkt eine 45-minütige Yoga-Einheit zu absolvieren; für den Anfang reichen schon 10 bis 15 Minuten. Dabei werden deine Muskeln gedehnt und deine Beweglichkeit trainiert.

BERGHALTUNG
HERABSCHAUENDER HUND
KRIEGER
BAUM
BRÜCKE
KATZE
KUH
KOBRA
LOTUSSITZ
KINDSPOSITION

MIT AUSDAUER ANS ZIEL

LAUFEN LINDERT STRESS UND FÖRDERT DIE GESUNDHEIT, NUR WIE SCHAFFT MAN DEN EINSTIEG?

PASS AUF DICH AUF!

Bevor du regelmäßig laufen gehst, solltest du beim Arzt abklären lassen, ob Laufen als Sportart für dich infrage kommt. Auch solltest du dich zunächst aufwärmen, um Verletzungen zu vermeiden. Lass es langsam angehen. Wichtig ist, nicht zu schnell loszulaufen; schließlich willst du dich nicht überanstrengen und dann frustriert aufgeben – oder dich gar verletzen.

VORBEREITUNG IST ALLES

Wie jede sportliche Betätigung erfordert auch Laufen etwas Vorbereitung. 1-2 Stunden vor dem Training solltest du am besten nichts mehr essen, davor allerdings schon – ein Brötchen mit Erdnussbutter hat zum Beispiel reichlich Kohlenhydrate und liefert die nötige Energie. Außerdem brauchst du die richtige Bekleidung. Gute Laufschuhe beugen Verletzungen vor, und feuchtigkeitsableitende Funktionskleidung sorgt dafür, dass du dich rundum wohl fühlst. Und zu guter Letzt: Achte darauf, vor, während und nach dem Laufen genug Flüssigkeit zu dir zu nehmen!

FÜR UNTERHALTUNG SORGEN

Du zählst die Minuten, bis deine Joggingrunde zu Ende ist? Dann solltest du dir vielleicht eine Playlist anlegen, die dich motiviert und die Zeit wie im Fluge vergehen lässt. Wähle Songs zum Wachwerden oder Tanzen aus, oder auch ein Podcast, um dich gedanklich abzulenken.

SCHRITT FÜR SCHRITT

Mag sein, dass du direkt Vollgas geben willst, aber wenn du vorher noch nie gelaufen bist, wirst du wohl kaum einen Marathon oder einen Sprint bewältigen. Versuche es zunächst mit Intervalltraining – 2 Minuten Gehen, dann 2 Minuten Joggen und so weiter. Die Laufintervalle kannst du jeden Trainingstag um 30 Sekunden verlängern, bis du es irgendwann schaffst, ohne Pause zu laufen. Sei dabei nicht zu ehrgeizig, sonst verlierst du deine Motivation.

DIE RICHTIGE TECHNIK

Um sich beim Laufen keine Verletzungen zuzuziehen, ist die richtige Technik entscheidend. Mache eher kleine Schritte, entspanne die Schulterpartie und halte das Kinn gerade. Wenn du an den falschen Körperstellen Schmerzen verspürst, solltest du vielleicht auf einen anderen Untergrund ausweichen, denn auch der kann Auswirkungen auf deinen Körper haben.

RUHEPAUSEN

Wenn du keine erfahrene Läuferin bist, solltest du nicht direkt jeden Tag laufen gehen. Ein Tag Ruhepause zwischen den Joggingeinheiten hilft deinem Körper, sich ausreichend zu regenerieren. Wenn du sportlich bist und gerne jeden Tag trainieren willst, kannst du es mit Cross-Training probieren. Schonende Trainingsmethoden wie Schwimmen, Radfahren oder Krafttraining stärken Muskulatur, Knochen und Herz, ohne dabei die Gelenke zu belasten.

HIIT ME BABY ONE MORE TIME!

HIIT-WORKOUTS UND KRAFTTRAINING WERDEN NICHT NUR KRAFT UND AUSDAUER VERBESSERN, SONDERN DIE ERFOLGE, DIE DU DADURCH ERZIELST, WERDEN DEIN SELBSTVERTRAUEN STÄRKEN UND DICH GUT FÜHLEN LASSEN.

MORE OXYGEN

Hochintensives Intervalltraining (HIIT) ist eine super Methode, um körperlich fit zu werden. HIIT-Workouts sind zwar anstrengend, aber auch kürzer als normale Trainingsstunden, und äußerst effektiv. Kurze, hochintensive Trainingseinheiten wechseln sich mit Erholungsphasen ab. Dabei verbrauchen wir mehr Sauerstoff, was nicht nur den Stoffwechsel anregt, sondern auch das Herz-Kreislauf-System sowie die allgemeine Gesundheit stärkt.

GERADE SITZEN

Beim Kraft- oder Widerstandstraining nutzt du dein eigenes Körpergewicht oder Geräte, wie Hanteln oder Widerstandsbänder, um Muskelmasse aufzubauen, und um Kraft und Ausdauer zu trainieren. Du bist kein Fan von Cardio-Training? Dann ist Krafttraining genau das Richtige für dich – nicht nur um abzunehmen. Du trainierst dabei nämlich auch deinen Gleichgewichtssinn, verbesserst deine Haltung und steigerst deinen Energiestoffwechsel; außerdem trägt es zu einem besseren Schlaf bei und hebt die Stimmung.

NUR EINEN HERZSCHLAG ENTFERNT

Eines der größten Vorteile von sportlicher Betätigung ist ein gesundes Herz-Kreislauf-System. Ein gesundes Herz will schließlich jeder haben. Sowohl HIIT-Workouts als auch Krafttraining senken erwiesenermaßen den Blutdruck und die Pulsfrequenz, ohne dass man entsprechende Medikamente einnehmen muss. Muskeltraining kann Hypertonie mindern und das Risiko für einen Herzinfarkt senken. Nur solltest du vor dem Training einen Gesundheitscheck beim Arzt machen lassen – wenn du zum Beispiel eine Herzerkrankung hast, ist HIIT wahrscheinlich nicht das Richtige für dich.

GUT FÜR KNOCHEN UND GELENKE

Wenn wir älter werden, verlieren wir an Muskelmasse. Nun könnte man meinen, hochintensives Cardio-Training, wie Laufen, sei am wirksamsten; dabei ist Gewichtstraining genauso wichtig, weil es Knochen und Muskulatur schont. 30 Minuten Gewichtstraining reichen schon aus, um die Knochendichte zu erhöhen und das Risiko für Osteoporose zu senken. Gewichte heben stärkt, kräftigt und definiert deinen Körper; und nein, du wirst dadurch nicht unbedingt fülliger oder männlicher, wie manche Leute behaupten.

ES WIRD NICHT EINFACHER. DU WIRST *stärker*

LASS DIE PFUNDE SCHMELZEN

Sowohl beim HIIT-Training als auch beim Krafttraining verbrennst du nicht bloß Fett, sondern verlierst außerdem Gewicht, da dein Körper auch nach dem Workout noch zusätzliche Kalorien verbrennt. Anders als beim Cardio-Training sorgen diese Trainingsmethoden nämlich dafür, dass du noch Stunden später eine erhöhte Stoffwechselrate hast. Studien belegen, dass man bei HIIT-Workouts 25-30% mehr Fett verbrennt als bei anderen Trainingsarten, und das in kürzerer Zeit.

DEIN TRAINING UND DU

Nach welcher Methode trainierst du momentan? ....

Wie häufig trainierst du? ....

Wie trainierst du am liebsten und warum?

Welche Trainingsart magst du gar nicht und warum?

Was hindert dich am ehesten daran, Sport zu machen?

WAS IST DEIN FITNESS-ZIEL?

Setze dir zunächst einige kurzfristige Fitness-Ziele:

Warum willst du diese Ziele erreichen?

Was brauchst du alles, um deine Fitness-Ziele zu erreichen?

Wie wirst du deine Fortschritte messen?

GESUNDHEIT
kommt
VON
innen

ESSEN ALS HEILMITTEL

VIELE VON UNS WÜRDEN BEHAUPTEN, DASS ESSEN HEILENDE KRÄFTE HAT. AN SCHLECHTEN TAGEN SPENDET ES UNS TROST, UND WENN ES EINEN GRUND ZUM FEIERN GIBT, DARF EIN GUTES ESSEN NICHT FEHLEN.

Wohlbefinden hat nicht nur mit mentaler, spiritueller und emotionaler Gesundheit zu tun; du musst dich auch um deine körperliche Gesundheit kümmern, und da kommt die Ernährung ins Spiel. Wenn du etwas isst, versorgst du deinen Körper mit Brennstoff. Allerdings sind nicht alle Brennstoffe gleich gut.

UMSTELLUNG

Ernährung ist eine Wissenschaft. Doch jeder kann seine Ernährung ein wenig umstellen, um zum Beispiel mehr Vitamine und Mineralien aufzunehmen. Fange klein an und sei nett zu dir selbst; es lohnt sich nicht, sich wegen ‚schlechter' Ernährung fertigzumachen. Für den Anfang reicht es, wenn du kleine, aber dennoch wesentliche Veränderungen an deinen Essgewohnheiten vornimmst. Trink täglich ein Glas Wasser mehr, verzichte auf Süßigkeiten und lasse nicht das Frühstück aus! Wenn wir Mahlzeiten auslassen, fällt unser Blutzucker ab und du wirst dich müde, gereizt oder sogar deprimiert fühlen. Genauso wenig solltest du dich von einem kleinen Ausrutscher runterziehen lassen – schließlich bist du auch nur ein Mensch, und zwischendurch mal etwas ‚Schlechtes' zu essen, ist keine Sünde. Benenne ‚schlechte' Nahrungsmittel lieber in ‚besondere' Nahrungsmittel um – denn sobald du dir selbst etwas verbietest, schränkst du deinen Speiseplan ein. Essen sollte aber Spaß machen. Du kannst also ruhig etwas Neues ausprobieren und dann Bilanz ziehen.

SEI DANKBAR!

Ein gesunder Körper ist die Voraussetzung für einen gesunden Geist, und umgekehrt! Nur wenn wir mit unserem Körper zufrieden sind – wie er aussieht oder wie er funktioniert –, sind wir auch mit uns selbst im Reinen, und das spiegelt sich in unserer Lebenseinstellung wider.

DIE WICHTIGSTE MAHLZEIT DES TAGES

BEGINNE DEN TAG MIT EINEM REICHHALTIGEN FRÜHSTÜCK, DAS BIS ZUM MITTAG SATTMACHT! OB SÜSS ODER HERZHAFT – GESUNDE FRÜHSTÜCKSREZEPTE GIBT ES FÜR JEDEN GESCHMACK.

POWER SMOOTHIE

ZUTATEN:

- Ungesüßte Mandelmilch
- 1 Banane
- 2 EL tiefgefrorene Mango
- EL tiefgefrorener Pfirsich
- 1 TL Hanfsamen
- 1 TL Chiasamen
- 1 EL Erdnussbutter

Alle Zutaten in den Mixer geben und gut durchmixen. Vor dem Servieren mit Chiasamen bestreuen.

SCHNELLES OMELETTE

ZUTATEN:

- 2 Eier
- 1 TL Butter

Eier aufschlagen und verrühren. Butter in einer Pfanne erhitzen, bis sie schäumt. Eier hineingeben und die Pfanne schwenken, damit sich die Masse gleichmäßig verteilt. Bei starker Hitze braten, bis das Ei stockt. Nach Belieben füllen. Das Omelette auf einer Seite anheben und falten, dann servieren.

PORRIDGE

ZUTATEN:

- 50 g Haferflocken oder Hafergrütze
- 350 ml Kuh- oder Pflanzenmilch

Haferflocken und Milch in einen Topf geben und aufkochen. 4 Minuten köcheln lassen, dabei stets umrühren! Etwas gesundes Fett, wie zum Beispiel Nussbutter, Nüsse oder Kerne hinzugeben, damit dein Porridge lange sattmacht.

SHAKSHUKA

ZUTATEN:

- 1 Dose ganze Tomaten
- 1 Zwiebel
- 1 TL Knoblauch
- 1 TL Koriander
- 1 TL Chili (oder mehr für zusätzliche Schärfe)
- Olivenöl

Knoblauch, Kräuter und Zwiebeln in einer Pfanne dünsten, Tomaten dazugeben und alles dick einkochen lassen. Mulden in die Tomatensauce drücken und Eier hineingeben. Pfanne zudecken und die Eier bei schwacher Hitze stocken lassen.

OVERNIGHT OATS

ZUTATEN:

- 50 g Haferflocken
- 100 ml Kuh- oder Pflanzenmilch
- 50 g Beeren
- 1 EL Erdnussbutter

Haferflocken und Milch mischen und über Nacht kaltstellen. Am nächsten Morgen die Beeren und Erdnussbutter unterrühren. Wenn der Brei zu fest ist, etwas Joghurt oder einen Extraschuss Milch hinzugeben.

ACHTSAM ESSEN

HATTEST DU SCHONMAL EINEN GANZEN TAG LANG MAGENKNURREN? HAST DU SCHONMAL AUS LANGEWEILE GEGESSEN ODER EINFACH, WEIL DU ‚APPETIT' HATTEST? ACHTSAMKEITSÜBUNGEN HELFEN DIR, DICH BEWUSSTER UND ACHTSAMER ZU ERNÄHREN.

Achtsames Essen fußt auf Meditation, das heißt, du hörst auf deinen Körper und deine Emotionen. Versuche, den Moment bewusst zu erleben, ohne dich ablenken zu lassen oder daran zu denken, was als Nächstes zu tun ist. Oft hören wir nicht wirklich auf das, was unser Körper uns sagt. Stattdessen findet unser Leben nur noch in unseren Köpfen statt, und mögliche Warnsignale des Körpers werden einfach ignoriert.

WARUM?

Achtsam zu essen lehrt uns, die Signale unseres Körpers zu verstehen; es kann Heißhungerattacken und Beklemmungen rund ums Thema Essen abmildern. Wenn wir langsam und bewusst essen, spüren wir deutlicher, wann wir gesättigt sind – und hören nicht erst auf, wenn wir denken, dass wir satt sind. Außerdem genießt man das Essen mehr. Schließlich dient Essen nicht nur der Energiezufuhr!

WIE?

Achtsamkeit hat vor allem damit zu tun, seinen Körper und seine Empfindungen bewusst wahrzunehmen. Wenn wir achtsam essen, sollten wir also die Mahlzeit als Ganzes erleben – wir sollten spüren, wie sich die leere Schüssel oder die kalte Milch aus dem Kühlschrank anfühlt, und natürlich die unterschiedlichen Texturen und Geschmacksrichtungen des Essens wahrnehmen. Nimm dir bei der nächsten Mahlzeit genügend Zeit, um dich in Achtsamkeit zu üben; iss langsam und ohne Ablenkung. Wenn du merkst, dass deine Gedanken abschweifen, kehre mit deiner Aufmerksamkeit wieder zur Mahlzeit zurück, und horche in dich hinein; was teilt dir dein Körper während des Essens mit?

POWERFOOD

ESSEN KANN DER AUSLÖSER DAFÜR SEIN, DASS WIR UNS FANTASTISCH FÜHLEN. DIE FOLGENDEN SUPERFOODS SIND WAHRE STIMMUNGSAUFHELLER.

OMEGA-3

Wenn sich ein Gespräch um ‚gesunde' Ernährung dreht, dann ist ‚Fett' meist ein Unwort. Nichtsdestotrotz benötigt unser Körper Fette. Omega-3-Fettsäuren wird beispielsweise eine heilende und vorbeugende Wirkung bei psychischen Erkrankungen nachgesagt. Außerdem fördern sie die Zellbildung, stärken unsere Haut und unser Haar, damit wir nach außen genauso strahlen wie innerlich. Omega-3-Fettsäuren sind unter anderem in Lachs, Edamame, Leinsamen, Chiasamen, Wallnüssen und Makrele enthalten.

LEBENSMITTEL FÜR GUTE LAUNE

Bestimmte Nahrungsmittel, wie dunkle Schokolade, Erdbeeren, Orangen und scharfe Speisen, regen die Ausschüttung von Endorphinen, also von körpereigenen Glückshormonen, an. Dadurch, dass diese Lebensmittel den Endorphinspiegel im Gehirn ansteigen lassen, heben sie unsere Stimmung. Ein höherer Endorphinspiegel stärkt aber auch unser Immunsystem. Wenn dir nach Schokolade ist, greife zu einer dunklen Sorte mit wenig Zucker, damit dein Blutzuckerspiegel nicht direkt wieder in den Keller fällt.

VOLLWERTIG ESSEN

Möglichst wenig industriell verarbeitete Nahrungsmittel zu essen, tut deinem Körper und deinem Geist gleichermaßen gut. Diäten gibt es wie Sand am mehr – da ist es nicht leicht, die passende für sich zu finden. Anstatt ‚Diät' zu halten, kannst du dich an eine einfache Regel halten: Iss mehr Vollwertkost! Versuche, frische Lebensmittel zu kaufen, die möglichst wenig weiterverarbeitet wurden, denn ein Produkt ist umso besser, je weniger ‚Arbeitsschritte' es durchlaufen hat.

MAGNESIUM

Magnesium ist wichtig für unsere Hirnfunktionen, es wirkt stressregulierend, indem es unseren Cortisolspiegel (ein Stresshormon) senkt. Bei Magnesiummangel fühlen wir uns rasch deprimiert, kommen abends nicht zur Ruhe oder bekommen Verdauungsprobleme. Magnesium ist in dunkelgrünem Blattgemüse, Hülsenfrüchten und dunkler Schokolade enthalten.

VITAMIN C

Dass Vitamin C gut fürs Immunsystem ist, weiß jeder. Wenn wir körperlich ausgelaugt sind, drückt das auch auf unsere Stimmung. Dieses Vitamin schafft gleich zweifach Abhilfe; denn ein gesunder Körper ist die Voraussetzung für eine gesunde Psyche. Außerdem bindet Vitamin C freie Radikale, wodurch es deinen Körper schützt. Es kommt in zahlreichen Obst- und Gemüsesorten vor, darunter Paprika, Brokkoli, Orangen und Blaubeeren.

VITAMIN D

Vitamin D kann antidepressiv wirken und Stimmungsschwankungen regulieren. Denn Vitamin D kurbelt die Produktion des Hormons Serotonin an, das eine wichtige Rolle für unsere Stimmung spielt. Ein niedriger Serotoninspiegel kann zu Depressionen führen. Der wichtigste natürliche Lieferant von Vitamin D ist die Sonne. Wenn du in einer Region mit wenig Sonnenschein lebst, solltest du reichlich Lachs, Pilze, Ei und reichhaltige Milchprodukte zu dir nehmen.

BODY-SCANS

Ein Body-Scan verrät, was dein Körper dir sagt – ganz egal, welche Art von Meditation du dabei praktizierst. Nimm eine bequeme Sitzhaltung ein und beobachte deine Atmung. Wandere mit deiner Aufmerksamkeit langsam, aber ohne anzuhalten, von oben nach unten über deinen ganzen Körper, beginnend beim Scheitel. Wenn du irgendein Unbehagen verspürst, nimm dieses wahr, ohne es zu werten.

WAS ESSEN WIR UND WARUM?

Wenn du das Lieblingsgericht aus deiner Kindheit isst, welche Gefühle und Erinnerungen weckt das in dir? Was konkret magst du daran? Schmeckt es dir immer noch genauso lecker wie früher, oder hat sich dein Geschmack verändert? Wie denkst du heute darüber?

DEIN ESSENSPLAN FÜR EINE WOCHE

MONTAG	Frühstück	
	Mittagessen	
	Abendessen	
	Snacks	
DIENSTAG	Frühstück	
	Mittagessen	
	Abendessen	
	Snacks	
MITTWOCH	Frühstück	
	Mittagessen	
	Abendessen	
	Snacks	

DONNERSTAG	
Frühstück	
Mittagessen	
Abendessen	
Snacks	

FREITAG	
Frühstück	
Mittagessen	
Abendessen	
Snacks	

SAMSTAG	
Frühstück	
Mittagessen	
Abendessen	
Snacks	

SONNTAG	
Frühstück	
Mittagessen	
Abendessen	
Snacks	

OHNE
Regen
KEINE
Blumen

DIE KRAFT DER NATUR

VIELLEICHT IST ES DIR NICHT BEWUSST, ABER RAUSZUGEHEN, IN DIE NATUR, FÖRDERT NICHT NUR DEIN KÖRPERLICHES, SONDERN AUCH DEIN GEISTIGES WOHLBEFINDEN.

Hast du dich schonmal gefragt, warum du so gerne im Park spazieren gehst oder im Garten sitzt? Fühlst du dich besser, wenn du von Natur umgeben bist? Das ist kein bloßer Zufall. Es ist wissenschaftlich erwiesen, dass unser körperliches und geistiges Befinden durch unsere Umgebung beeinflusst wird. Sich in der Natur aufzuhalten kann Stress lindern, den Blutdruck und die Herzfrequenz senken, Muskelverspannungen lösen und sogar die Lebensdauer verlängern. Unsere Stimmung wird besser und wir fühlen uns weniger niedergeschlagen oder ängstlich. Und das Beste: Dafür brauchen wir uns nicht einmal nach draußen zu begeben. Auch Zimmerpflanzen oder Landschaftsbilder wirken auf uns beruhigend. Wie eine Studie belegt, hat die Natur sogar die Kraft, schwerkranke Menschen von ihren Schmerzen abzulenken und sie schneller wieder gesund werden zu lassen. Eine andere Studie zeigt, dass die Natur uns Menschen zusammenbringt. Personen, die einen Gemeinschaftsgarten betreiben, fühlen sich ihrer Gemeinde stärker verbunden, verbringen mehr Zeit mit ihren Nachbarn, und in ihrer Nachbarschaft herrscht sogar weniger Kriminalität. Wer viel Zeit an der frischen Luft verbringt, ob im eigenen Garten, im Schrebergarten, beim Sport im Park oder auf einem Natur-Wanderpfad, der fühlt sich nicht nur glücklicher und entspannter, sondern ist auch aktiver, hat ein höheres Selbstwertgefühl und ist insgesamt gesünder.

SONNE TANKEN

Ein weiterer Grund, Zeit im Freien zu verbringen, ist der Sonnenschein. In den Sommermonaten nehmen wir über das Sonnenlicht Vitamin D auf. Dieses brauchen wir, um Kalzium und Phosphate zu absorbieren und um unsere Knochen zu stärken. In den Wintermonaten müssen wir Vitamin D über die Nahrung aufnehmen, zum Beispiel über fetthaltigen Fisch wie Lachs und Makrele, Fleisch und Eier, oder – falls nötig – über Nahrungsergänzungsmittel.

RAUS INS GRÜNE!

NATUR ERLEBEN – DAS GEHT AUF GANZ UNTERSCHIEDLICHE ART UND WEISE. DU KANNST ZUM BEISPIEL DEIN TÄGLICHES TRAINING NACH DRAUSSEN VERLEGEN ODER IM GARTEN WERKELN!

WERDE ZUM SELBSTVERSORGER!

Gärtnern ist gut für die Psyche. Wenn du keinen eigenen Garten hast, kannst du dir ein Gartengrundstück mieten und dort Gemüse anbauen. Vielleicht kannst du auch Obst oder Kräuter für den täglichen Bedarf ernten. Wenn du eher der häusliche Typ bist, aber keinen Balkon hast, besorge dir einen Blumenkasten und lege dir einen eigenen Kräutergarten an. Prüfe bitte dabei, dass er gut gesichert ist!

ACHTSAME BEWEGUNG

Deinem Körper und Geist tut jede Form von Bewegung gut, am besten unter freiem Himmel. Ob du einen kurzen Spaziergang machst oder eine Outdoor-Sportart, ob du schwimmen gehst oder Rad fährst – Hauptsache, du genießt dabei die Natur und die frische Luft. Falls du nicht so sportbegeistert bist, kannst du es mit Yoga im Freien probieren. Das ist gut, um sich zu dehnen und zu entspannen.

LASS DICH VON DER NATUR INSPIRIEREN

Eine grüne Umgebung ist der ideale Ort, um kreativ zu werden. Setze dich nach draußen und male die Landschaft, mache ein Picknick oder schaue dir nachts den Sternenhimmel an. Du möchtest dir die Natur ins Haus holen? Dann unternimm eine Waldwanderung, mache unterwegs ein paar Fotos von der Landschaft und rahme sie ein. Auch aus Fundstücken wie Federn, Baumrinde oder Blumen lässt sich tolle Deko kreieren.

DER UMWELT ZULIEBE

Wenn wir von unserer Umwelt profitieren, sollten wir ihr auch etwas zurückgeben. Anstatt einfach nur spazieren zu gehen, könntest du unterwegs zum Beispiel Müll aufsammeln. Und statt untätig auf einer Wiese herumzuliegen, könntest du dich für den Naturschutz engagieren.

TIERISCHE BEZIEHUNGEN

Mit Tieren Zeit in der Natur zu verbringen, ist ebenfalls eine Form von gelebtem Umweltbewusstsein. Ob du die Vögel in deinem Garten beobachtest oder Eichhörnchen im Park beim Klettern zusiehst, ob du mit deinem Hund spazieren gehst oder einen nahegelegenen Bauernhof besuchst – all das hilft gegen das Gefühl der Einsamkeit und bringt dich der Natur näher.

AB NACH DRAUSSEN!

Nimm dein Journal mit ins Freie. Suche dir ein Plätzchen im Grünen und sei 5 Minuten lang achtsam. Schließe die Augen. Lausche den Geräuschen deiner Umgebung. Was riechst du? Mach die Augen auf und nimm deine Umgebung wahr. Spüre das Gras zwischen deinen Fingern. Dann schreibe auf, was du gerade erlebt hast. Wie hast du dich dabei gefühlt? Besser? Wenn du magst, kannst du deine Erfahrungen auch in einer Zeichnung festhalten.

PLATZ FÜR DEINE GEDANKEN

PLATZ FÜR DEINE ZEICHNUNG

SEINE INNERE MITTE FINDEN

DIE KUNST DER MEDITATION HILFT UNS, INNERE RUHE UND ZUFRIEDENHEIT ZU ERLANGEN. UND SIE UNTERSTÜTZT DICH IN DIVERSEN LEBENSBEREICHEN.

WAS IST MEDITATION?

Diese altüberlieferte Praxis dient dazu, deine Konzentrationsfähigkeit zu schulen und dein Bewusstsein für dich und deine Umwelt zu schärfen. Beim Meditieren geht es darum, sein gegenwärtiges Tun ganz bewusst zu erleben.

DER WEG ZU EINEM BESSEREN SELBST

Meditieren beruhigt und entspannt, aber nicht nur das! Studien haben gezeigt, dass Meditieren hilft, Stress und Angstzustände zu lindern und mit schwierigen Situationen umzugehen. Es verbessert deine Stimmung und deine emotionale Verfassung, hilft bei Depressionen und fördert dein Sozialverhalten. Neben dem positiven Effekt auf deinen Körper – es erhöht die Hirnaktivität, senkt den Blutdruck und beugt Herzerkrankungen vor – werden beim Meditieren auch deine mentalen Fähigkeiten trainiert. Es steigert deine Konzentrationsfähigkeit, verbessert dein Gedächtnis und lässt dich sogar freundlicher und mitfühlender werden. Personen, die regelmäßig meditieren, sind in der Regel selbstdisziplinierter, erfolgreicher und auch sportlicher. Zudem haben Studien belegt, dass Meditieren den Schlaf reguliert, die Wundheilung beschleunigt, die Schmerzempfindlichkeit senkt und sogar gegen lästige Gewohnheiten oder Neigungen, wie übermäßiges Essen, wirkt. Die positiven Effekte sind schier endlos.

LOS GEHT'S

Meditieren kann jeder, ganz egal wie alt oder fit man ist. Du kannst praktisch überall meditieren und brauchst keinerlei Ausrüstung. Da es viele verschiedene Meditationstechniken gibt, solltest du zunächst ein paar geführte Meditationsübungen machen, um herauszufinden, welche Technik am besten zu dir passt. Schon ein paar Minuten pro Tag können deinen Alltag grundlegend verändern. Also worauf wartest du noch?

MEDITIEREND IN DEN TAG STARTEN

Zwar kannst du zu jeder Tageszeit meditieren, doch am besten funktioniert es morgens. Anstatt direkt nach dem Aufwachen aufs Handy zu schauen und beim Anblick deiner To-Do-Liste in Panik zu geraten, solltest du 5 bis 10 Minuten lang meditieren; so startest du entspannt in den Tag. Du wirst nicht überfordert sein, sondern gelassen und gewappnet, um die bevorstehenden Herausforderungen zu meistern. Meditieren sorgt für einen klaren Kopf und gibt dir die nötige Energie, damit du so produktiv wie möglich sein kannst.

WELCHE MEDITATIONSTECHNIK PASST ZU DIR?

ES GIBT HUNDERTE VERSCHIEDENE MEDITATIONSTECHNIKEN. HIER LERNST DU NUR EIN PAAR BEISPIELE KENNEN, UM HERAUSZUFINDEN, WELCHE DAVON DIE RICHTIGE FÜR DICH IST.

ACHTSAMKEITSMEDITATION

Achtsamkeitsmeditation zählt zu den beliebtesten Meditationsarten. Ziel dieser Übung ist es, ‚achtsam' zu sein und sich auf seine Gedanken zu fokussieren. Suche dir ein stilles Plätzchen, wo du 3 bis 4 Minuten lang in Ruhe sitzen und einen freien Kopf bekommen kannst. Versuche, den Moment bewusst zu erleben und wahrzunehmen, was gerade in deinem Kopf und deinem Körper vor sich geht. Wenn deine Gedanken abschweifen, konzentriere dich auf das Positive und schüttele alle negativen Gedanken ab. Verurteile dich nicht, sondern beobachte nur und nimm wahr, was in dir passiert. Für dieses Training brauchst du keinen Partner oder Coach; und du kannst es jederzeit ausführen, sei es beim Zähneputzen, beim Abwasch oder während des Essens. Fokussiere dich einen Moment lang auf dich selbst! Achtsamkeitsmeditation hilft dir, ruhig und entspannt zu bleiben, und lindert so Stress und Depressionen.

VIPASSANA

Vipassana ist eine der ältesten Meditationstechniken aus Indien. Der Begriff; Vipassana, kommt aus dem Buddhismus und bedeutet „die Dinge so sehen, wie sie wirklich sind". Es geht darum, sich selbst mittels Selbstbeobachtung zu ändern. Diese Technik lässt sich auch im Alltag praktizieren, doch bis man das ultimative Ziel, die vollkommene Befreiung, erreicht, kann es Jahre dauern. Bei Vipassana liegt der Fokus auf einer tiefen Verbindung zwischen Geist und Körper, die uns die wahre Natur der Dinge offenbaren soll. Diese Meditationsart ist sehr viel intensiver, da man sich mental mit seinen Problemen auseinandersetzt, von Schmerzen und anderen Leiden bis hin zu innerer Leere und Konflikten. Du wirst deine Aufmerksamkeit auf deine körperlichen Empfindungen richten und dich selbst erforschen. Mag sein, dass du die Welt danach mit anderen Augen siehst. Vipassana wurde sogar schon eingesetzt, um Straftäter davon abzuhalten, rückfällig zu werden.

PRANAYAMA – DIE BIENENATMUNG

Pranayama wurde nach der indischen schwarzen Biene benannt. Der Name bezieht sich auf das Geräusch, das du während der Atemübung erzeugst. Die Bienenatmung wird im Sitzen praktiziert. Nimm eine Sitzposition ein und schließe die Augen. Spüre deinen Körper. Während du einatmest, verschließt du deine Ohren, indem du mit deinen Fingern sanft gegen den Höcker der Ohrmuschel drückst; bei der Ausatmung erzeugst du mit geschlossenem Mund einen langen, kräftigen Summton, wie eine fliegende Biene. Wiederhole das Pranayama 3 oder 4 Mal. Der vibrierende Ton soll quasi sofort eine beruhigende Wirkung haben. Du kannst dich dadurch leichter von Aggressionen befreien. Alternativ kannst du während der Übung auch auf dem Rücken oder der rechten Seite liegen. Als besonders wirksam hat sich die Bienenatmung bei Bluthochdruck und Kopfschmerzen erwiesen.

MANTRA

Mantra-Meditation leitet sich aus den Wörtern ‚man' (Geist) und ‚tra' (loslassen) ab. Es handelt sich um eine altüberlieferte Praxis aus dem Hinduismus und Buddhismus, bei der man ein Wort oder einen Satz immer wieder rezitiert, um seinen Kopf freizubekommen. Viele Menschen nehmen das Wort „Om", andere bevorzugen positiv besetzte Begriffe wie zum Beispiel „shanti" (Frieden), um sich gedanklich auf das Gute zu fokussieren. Das Mantra kann entweder laut oder im Stillen aufgesagt werden – je nachdem, was für dich angenehmer ist. Die Wiederholung schult deine Aufmerksamkeit und hilft dir, im Einklang zu sein, sowohl mit dir selbst als auch mit deiner Umgebung. Dadurch schärfst du dein Bewusstsein. Vielleicht fällt dir diese Art der Meditation leichter als andere, da du deinen Fokus auf ein Wort richtest, und nicht auf die Atmung. Falls du dich mal ablenken lässt, keine Sorge! Fahre einfach mit der Übung fort. Mit der Zeit wird es immer einfacher werden, deinen Geist zum Mantra zurückzubringen.

ZAZEN

Zazen ist japanisch und bedeutet „Sitzmeditation“. Diese Art der Meditation hat ihren Ursprung im chinesischen Zen-Buddhismus. Bei dieser Übung nimmt man normalerweise den Lotussitz oder den halben Lotussitz ein, kreuzt also die Beine, und richtet seine Wirbelsäule auf. Zen bedeutet Konzentration oder Meditation. Ziel ist es, sich auf seine Atmung, Haltung und sein Denken zu konzentrieren, um einen klaren Kopf und einen wachen Verstand zu bekommen. Im Unterschied zur Achtsamkeitsmeditation, die den Fokus auf ein bestimmtes Objekt legt, geht es bei der Zen-Meditation eher um das allgemeine Bewusstsein. Beobachte deine Umgebung, lasse Gedanken und Emotionen im Geiste los. Die Augen bleiben während der Übung am besten einen Spaltbreit geöffnet. Beobachte jetzt, wie dein Atem in deinen Bauch strömt, und sei dir deiner selbst bewusst. Denke an gar nichts – irgendwann wirst du vollkommene Ruhe erfahren.

TAI CHI

Bei Tai Chi handelt es sich um eine uralte, chinesische Tradition, die sanfte, fließende Bewegungen mit Dehnübungen verbindet. Ursprünglich wurde es zur Selbstverteidigung entwickelt, doch nach und nach entstand daraus eine elegante, tänzerische Bewegungsform. Da der Fokus während der Bewegung auf einer langsamen und tiefen Atmung liegt, wird Tai Chi heute auch zur Meditation angewandt. Die einzelnen Positionen gehen fließend und ohne Unterbrechung ineinander über. Daher wird Tai Chi oft als Meditation in Bewegung bezeichnet. Spezielle Bekleidung ist nicht erforderlich; allerdings solltest du Tai Chi an einem Ort praktizieren, an dem du zur Ruhe kommen kannst. Also zum Beispiel in einer ruhigen Ecke deiner Wohnung oder in einem Park. Da es keinen hohen Kraftaufwand erfordert, eignet sich Tai Chi für jedermann. Durch die Bewegung trainierst du nicht nur deine Muskeln und deine Balance, sondern bekommst auch mehr Energie und bessere Laune. Tai Chi hilft nachweislich bei der Stressbewältigung.

YOGA NIDRA

Im Gegensatz zu anderen Meditationstechniken, die man in der Regel in einer Sitzhaltung ausübt, wird Yoga Nidra im Liegen praktiziert. Diese Art der Meditation, auch „Schlaf des Yogi“ oder Tiefenentspannung genannt, eignet sich besonders gut für Menschen, die Schwierigkeiten haben, loszulassen. Ziel des Yoga Nidra ist es, sich in einen Zustand zwischen Wachsein und Dämmerschlaf zu begeben. Lege dich dazu auf den Rücken, schließe die Augen, entspanne deinen Körper und richte den Blick nach innen. Dein Coach unterstützt dich dabei, dein Inneres bewusst wahrzunehmen. Nach der Praxis wirst du dich wie neugeboren fühlen. Auch hierfür benötigst du eigentlich keine Hilfsmittel, höchstens ein Kissen oder eine Decke, um es dir gemütlich zu machen. Yoga Nidra verbessert nicht nur die Schlafqualität, sondern es lehrt dich auch, wie du innere Ruhe findest und Anspannungen oder Schmerzen loslässt. Sodass du schließlich zu dir selbst finden und das Leben in vollen Zügen genießen kannst.

LASS DEN *Geist* RUHEN UND DIE *Seele* SPRECHEN!

KINHIN

Kinhin ist Meditation im Gehen. Das Gehen erfolgt dabei zwischen zwei ausgedehnten Meditationsphasen im Sitzen. Der Vorteil dieser Methode besteht darin, dass du sie – da du läufst – über einen längeren Zeitraum praktizieren kannst. Ziel ist es, in Bewegung zu sein, aber gleichzeitig auf die Meditation fokussiert zu bleiben. Lege deine Hände in Shahsu (mit der linken Hand eine Faust machen und diese mit der rechten Hand umschließen) und beginne, im Uhrzeigersinn durch den Raum zu schreiten. Achte auf deine Haltung beim Gehen und versuche, deinen Laufrhythmus mit deiner Atmung in Einklang zu bringen. Dazu atme aus, wenn dein Fuß auf dem Boden aufkommt, entspanne dich, atme ein und mache dann einen weiteren Schritt. Diese Sequenz wiederholst du etwa 10 Minuten lang. Achte dabei darauf, dass deine Hände entspannt und deine Bewegungen gleichmäßig sind, und spüre die Energie in deinen Füßen.

FINDE DEIN MANTRA!

Die Mantra-Meditation lässt sich besonders gut am Morgen praktizieren. Schreibe für den bevorstehenden Tag fünf Mantras auf. Zum Beispiel „Ich bin stark!". Schließe die Augen und wiederhole jedes Mantra mehrere Male; konzentriere dich dabei auf deine Atmung, sei dir deiner selbst, und deines Mantras, bewusst.

EINS

ZWEI

DREI

VIER

FÜNF

ICH BIN *wertvoll*

BEI EINS BEGINNEN

SELBSTFÜRSORGE (ENGL. SELF-CARE) WILL GELERNT SEIN. DAS LEBEN IST HEUTZUTAGE SO HEKTISCH, DASS WIR RASCH VERGESSEN, UNS UM UNS SELBST ZU KÜMMERN. DOCH ES IST HÖCHSTE ZEIT, MAL AUFZUTANKEN!

SELF-CARE FÜR JEDERMANN

Sich selbst etwas Gutes tun, meint sehr viel mehr als ein heißes Bad, Faulenzen oder Wellness. Es geht dabei darum, seine körperlichen, seelischen, sozialen, finanziellen und persönlichen Bedürfnisse zu berücksichtigen. Self-Care kannst du auf der Arbeit ebenso wie zuhause – sowie jederzeit durch deine innere Einstellung – praktizieren. Lass dir nicht einreden, dass Self-Care immer etwas kosten muss. Jeder Mensch hat schließlich ein Recht darauf, in welcher Form auch immer. Was anderen gut tut, ist für dich vielleicht nicht das Richtige.

SELF-CARE FÄLLT NICHT VOM HIMMEL

Self-Care kann ganz banale Dinge beinhalten, zum Beispiel, dass du deine Rechnungen pünktlich bezahlst oder eine automatisierte Zahlung einrichtest, damit du dir darum keine Gedanken mehr machen musst. Ebenso gut kann Self-Care bedeuten, sich ein sauberes, gesundes und behagliches Umfeld zu schaffen. Nicht immer geht es nur darum, das zu tun, was du willst, also nimm dir einen Moment Zeit und räume deinen Schreibtisch auf – auch das ist eine Form von Self-Care!

SELF-CARE IST NICHT GLEICH SELBSTSUCHT

Self-Care ist kein Vorwand, um den ganzen Tag im Bett zu verbringen oder sich nur von Chicken Wings zu ernähren. Self-Care bedeutet vielmehr, sich um seine geistige und körperliche Gesundheit zu kümmern. Du fragst also nicht danach, was du willst, sondern was du brauchst. Außerdem heißt Self-Care nicht notgedrungen, sich mit sich selbst zu beschäftigen; ebenso gut kannst du dich regelmäßig mit jemandem treffen, der dir nahesteht, und diesen Austausch ganz bewusst genießen.

SELF-CARE IST INDIVIDUELL

In puncto Self-Care gibt es keine Universalmethode; jeder Mensch verbindet damit etwas anderes. Wichtig ist, dass du dir Zeit nimmst, um herauszufinden, was dich vitalisiert, dir Kraft gibt und was effektiv (aber nicht überfordernd) ist. Und dass du dabei liebevoll mit dir selbst umgehst.

SELF-CARE FÜR EINSTEIGER

DIE FOLGENDEN TIPPS SOLLEN DIR AUF DEINEM WEG ZUR SELF-CARE HELFEN. DU BRAUCHST NICHT GLEICH KOMPLETT AUF ZUCKER ZU VERZICHTEN ODER FÜR EINEN MARATHON ZU TRAINIEREN; FANGE AM BESTEN MIT KLEINEN VERÄNDERUNGEN AN.

GESUNDE SNACKS

Greife zu Lebensmitteln, die besonders nahrhaft sind – sowohl für den Körper als auch für die Seele. Iss vollwertig und regelmäßig. Ein unregelmäßiges Essverhalten ist das genaue Gegenteil von Self-Care. Iss möglichst vielfältig und bunt, denn in frischen, bunten Lebensmitteln stecken die unterschiedlichsten Nährstoffe. Außerdem solltest du Zucker vermeiden – auch wenn Süßigkeiten sehr verlockend sein können, versuche lieber auf eine herzhafte Leckerei auszuweichen, die deinen Zuckerspiegel konstant und deinen Kreislauf auf Trab hält. Und wenn es unbedingt etwas Süßes sein muss, greife zu einem Stück dunkler Schokolade! Dunkle Schokolade regt nämlich die Ausschüttung von Endorphinen an, die schmerzlindernd wirken können und Antioxidantien enthalten.

Versuche, hin und wieder achtsam zu essen, ohne dich von deiner Mahlzeit ablenken zu lassen. Trinke reichlich Wasser! Häufig verwechselt man nämlich Durst mit Hunger, und eine ausreichende Flüssigkeitszufuhr ist die Voraussetzung für ein gesundes Gehirn.

SEI KREATIV

Die Fähigkeit, kreativ zu sein, macht uns als Menschen aus. Selbst wenn du dich nicht unbedingt als kreativ bezeichnen würdest, kannst du Kreativität und Self-Care auf vielfältige Weise miteinander verbinden. Hier ein paar Anregungen: Was hast du als Kind gerne gemacht – hast du vielleicht stundenlang mit Bauklötzen gespielt? Oder: Was durftest du als Kind nicht machen? Jetzt, als Erwachsene, kannst du dich so richtig austoben oder etwas Tolles für deine eigenen vier Wände kreieren. Beim Malen, Basteln oder Heimwerken geht es nicht darum, ein konkretes Ziel zu erreichen. Experimentiere mit den verschiedenen Materialien und lass deinen Gedanken freien Lauf. Es kommt nicht immer darauf an, Ergebnisse zu schaffen; Kreativität dient schließlich dem Selbstzweck. Bei kreativen Beschäftigungen wird ein anderer Teil unseres Gehirns beansprucht als im Alltag. Besonders spannend ist es, etwas ganz Neues auszuprobieren, etwas, das du noch nie zuvor gemacht hast. Wie wäre es zum Beispiel mit einem Malbuch für Erwachsene oder mit ein paar Stunden Musikunterricht?

EINE POSITIVE LEKTÜRE

Die Welt da draußen kann ganz schön negativ und beängstigend sein. Tagtäglich prasseln Nachrichten auf uns ein, die uns unsere eigene Machtlosigkeit bewusst machen und uns deprimieren. Diese Art von Stress ist unnötig, raubt uns den Schlaf und gibt uns ein Gefühl von Hilflosigkeit. Massenmedien sind aus unserem Alltag nicht mehr wegzudenken, und häufig dienen sie uns als Motivationsquelle, doch wenn wir sie übermäßig nutzen, laufen wir Gefahr, unser Leben nicht voll auszukosten.

Statt morgens direkt die sozialen Medien oder deine Nachrichten-App zu konsultieren, solltest du den Tag positiv beginnen, etwa mit einem guten Buch oder einem motivierenden Podcast.

Was wir lesen, beeinflusst maßgeblich unsere Sicht auf die Welt. Durch das Konsumieren negativer Medieninhalte verlieren wir sehr oft die guten Dinge aus dem Blick. Picke dir also lieber positive Influencer heraus, anstatt immer nur negative Berichte zu lesen – dann wird sich auch deine Lebenseinstellung zum Positiven verändern.

NETT SEIN

Es heißt zwar: Taten sagen mehr als Worte, aber auch: Die Geste zählt. Insofern tue etwas für Andere! Wenn wir eine gute Tat vollbringen, zum Beispiel anderen Menschen helfen, fühlen wir uns automatisch besser. Hat dir schon einmal eine fremde Person eine Freude gemacht? Wie hast du dich dabei gefühlt? Vielleicht willst du dasselbe für jemand anderes tun. Dann biete einem Freund oder jemandem aus der deiner Familie Hilfe an, oder verschicke Care-Pakete, um deine Lieben so zu zeigen, dass du an sie denkst!

Eine fremde Person zum Lächeln bringen oder jemanden an der Kasse den Vortritt lassen – solche kleinen Gesten können viel bewirken! Wir wissen zwar nicht, mit welchen Problemen sich unsere Mitmenschen gerade herumschlagen. Doch indem du dich nett und hilfsbereit zeigst, kannst du die Welt ein bisschen besser machen.

MEDITIEREN

Meditation gibt es schon seit tausenden von Jahren, und zwar in den unterschiedlichsten Formen. Anfangs fühlt es sich womöglich etwas ungewohnt an, zu meditieren, also sich in Gedanken zu „versenken", wie es im Lateinischen heißt. Meditation – ganz gleich welche Technik – ist heutzutage weit verbreitet und muss nicht unbedingt einen religiösen oder spirituellen Hintergrund haben. Achtsamkeitsübungen, die auf Meditation beruhen, können Menschen mit Angstzuständen oder Depressionen helfen. Beim Meditieren geht es vor allem darum, den gegenwärtigen Moment zu erleben und mit der Aufmerksamkeit bei deinem Körper und deiner Atmung zu bleiben. Während du deinen Geist klärst, solltest du nett zu dir selbst sein und dich immer wieder sanft zur Übung zurückführen. Wähle für die Meditation einen Ort, an dem du dich wohlfühlst und ungestört bist – das ist deine Auszeit.

SPORT

Neben deinem emotionalen, intellektuellen und geistigen Befinden solltest du dich natürlich auch um dein körperliches Befinden kümmern. Wenn du in schwierigen Situationen einfach nur dasitzt und grübelst, wird es dir sicher nicht besser gehen. Deine Gedanken kreisen dann nur noch um negative Dinge, und alles andere gerät zur Nebensache. Steh lieber auf und bewege dich, um deine Endorphine in Wallung zu bringen!

Für viele Menschen ist Sport die ultimative Self-Care, weil man dabei seinen Körper trainiert und sich selbst beweist, wozu man – wenn man den will – imstande ist. Ein regelmäßiges Training ist für Geist und Körper gleichermaßen wichtig. Es steigert dein Selbstbewusstsein, baut Stress ab und sorgt nebenbei auch noch für einen besseren Schlaf. Oft neigen wir dazu, uns nur Zeit für eine Trainingseinheit ODER ein bisschen Self-Care zu nehmen; doch tatsächlich geht das eine mit dem anderen Hand in Hand.

‚NEIN' SAGEN

Auch wenn es furchtbar negativ klingt – ‚nein' zu sagen ist eine der wichtigsten Lektionen in Sachen Self-Care. Dabei wägst du ab, was für dich Priorität hat, und was du auf lange Sicht anstrebst. Self-Care bedeutet nämlich, das zu tun, was für dich persönlich am besten ist. Einen Donut zu verspeisen, mag kurzfristig sehr verlockend erscheinen, doch wie wird es dir später gehen, wenn dein Blutzucker wieder abgesunken ist? Indem du ‚nein' sagst – zu einem Bedürfnis oder Verlangen – zeigst du deine persönlichen Grenzen auf. Außerdem lernst du dadurch zu priorisieren: Was ist wirklich wichtig, was ist gerade dringlich? Deine Energiereserven sind nicht unerschöpflich. Bevor du also deine Self-Care vernachlässigst, solltest du lieber ab und zu ‚nein' sagen, auch zu anderen Menschen.

DEN STECKER ZIEHEN

Technik. Ohne sie können wir nicht leben. Aber wir können selbst entscheiden, wie viel Raum sie in unserem Leben einnimmt. Jeder kennt das: Man öffnet mal kurz seine Mails oder entsperrt das Handy, um eine Kleinigkeit zu erledigen, und plötzlich ist man mit fünf anderen Dingen befasst.

Am besten nutzt du Handy, Tablet und andere elektronische Geräte ganz gezielt. Du wolltest bloß nachschauen, wie spät es ist? Dann lege dein Handy danach sofort wieder aus der Hand. Oder log dich aus deinem Postfach aus, sobald du diese eine Mail gelesen hast. Vor allem aber: Achte darauf, dass dir dein Technikkonsum nicht schadet. Vermeide es, negative Websites oder Artikel zu lesen, über die du dich nur aufregen würdest. Verzichte mal einen Tag lang auf Handy & Co. und spüre, wie es sich anfühlt, ohne digitale Medien zu leben! Komplett analog leben können wir natürlich nicht, aber du kannst zumindest bestimmen, wann und wozu du digitale Medien oder Geräte nutzt. Frage dich selbst: Wozu sind sie mir nützlich? Aber auch: Inwiefern halten sie mich davon ab, das Beste aus mir herauszuholen?

UM ZU GEDEIHEN, MUSST DU DICH PFLEGEN!

DEIN SELF-CARE-VERSPRECHEN

Liste unter jedem Begriff auf, was du für dich selbst tun könntest. Zum Beispiel eine Kleinigkeit, wie ein Glas Wasser mehr trinken; oder auch etwas Großes, wie einen ganzen Tag freinehmen, um dich mal so richtig zu verwöhnen.

Entspannung ....

....

....

....

Selbstentfaltung und Kreativität ....

....

....

....

Gesundheit ....

....

....

....

Gesellschaft ....

....

....

....

Jetzt musst du dir ein Versprechen geben: Lege fest, wann du dir Zeit für diese Aktivitäten nimmst.

Einmal am Tag: ....

Einmal pro Woche: ....

Einmal im Monat: ....

JE

dankbarer

ICH BIN,

DESTO MEHR

Schönheit

ERBLICKE

ICH.

DANKBARKEIT TRAINIEREN

NICHT NUR GROSSE EREIGNISSE VERDIENEN UNSERE DANKBARKEIT. LERNE, AUCH DIE KLEINEN DINGE ZU SCHÄTZEN UND DADURCH MEHR FREUDE AM LEBEN ZU HABEN.

DIE METHODE

Ein Dankbarkeitsjournal dient kurz gesagt dazu, Dinge aufzuschreiben, für die du dankbar bist – egal, ob groß oder klein. Dankbarkeit ist deshalb so wichtig, da sie uns positiver stimmt und uns ausgeglichener werden lässt. Indem wir dieses Gefühl aufschreiben, speichern wir es mental ab und können außerdem darauf zurückgreifen, falls wir mal einen emotionalen Tiefpunkt haben. Ein Dankbarkeitsjournal zu führen, klingt vielleicht nach Soft Skills, doch der Effekt auf dein Wohlbefinden kann sich sehen lassen.

VORTEILE

Ein Wort des Danks bringt so viele Vorteile mit sich. Indem du einfach nur aufschreibst, wofür du dankbar bist, tust du bereits etwas für dein mentales Wohlbefinden. Wenn du deine Gedanken zu Papier bringst, wirst du besser schlafen, dich seltener krank fühlen und insgesamt glücklicher sein. Beim Schreiben ordnest du deine Gedanken und löst vielleicht sogar – unterbewusst – das eine oder andere Problem, das dich gerade umtreibt. Auch wirkt es sich auf deine Träume aus. Und dein Gehirn wird darauf gepolt, positiv zu denken. Wenn wir uns bewusst machen, für wen (oder was) wir dankbar sind, üben wir uns automatisch in Empathie – was definitiv eine gute Sache ist! Außerdem lehren uns solche Übungen, weniger materialistisch zu sein: Wir sehen ein, dass die einfachen Dinge im Leben mehr wert sind als die neueste Technik oder ein schickes Auto.

OVERFLOW

Versuche, deinem Alltag mit Dankbarkeit zu begegnen! Wenn du dich nur abends, beim Journaling, dankbar und positiv äußerst, aber morgens immer missmutig das Haus verlässt, hat das Ganze natürlich keinen Zweck. Halte Ausschau nach Dingen, für die du dankbar bist; und du wirst sehen: Es gibt so vieles, wofür es sich lohnt, dankbar zu sein! Oder, anders ausgedrückt: Gleiches zieht Gleiches an.

HILFREICHE TIPPS

GERADE AM ANFANG KANN SO EINE LEERE SEITE ZIEMLICH EINSCHÜCHTERND SEIN. DIE FOLGENDEN TIPPS HELFEN DIR, DEN EINSTIEG INS JOURNALING ZU FINDEN.

VERÄNDERUNGEN REGISTRIEREN

Versuche, bei jeder Sitzung zu ergründen und genau zu beschreiben, wofür du heute dankbar bist. Ganz gleich, ob es die Art ist, wie dein Hund dich am Morgen begrüßt, oder eine neue Methode, mit der sich eine besonders gute Tasse Tee zubereiten lässt.

ÜBERRASCHENDES

Wenn du Dankbarkeit für unerwartete Ereignisse empfindest – und diese auch dokumentierst – wirst du merken, dass du darauf besonders stark reagierst. Unerwartete Begebenheiten lösen nämlich starke Emotionen aus, die du beim Journaling verarbeiten kannst. Ihre Intensität hängt meist davon ab, ob und wie sehr du mit einem Ereignis gerechnet hast.

DAS LEBEN ZU GENIESSEN, IST HOHE KUNST

NICHT WAS, SONDERN WER!

Versuche, dich beim Journaling eher auf das ‚Wer' und weniger auf das ‚Was' zu konzentrieren. Hinter den Dingen, für die wir dankbar sind, stecken nämlich meist Taten oder Absichten, die viel wichtiger sind als die Dinge selbst.

MIT VOLLER AUFMERKSAMKEIT

Ein Dankbarkeitsjournal zu führen, sollte sich nicht wie eine Hausaufgabe anfühlen, die du mechanisch ausführst. Versuche dich auf deine Motivation fürs Journaling zu fokussieren! Sei für die positiven Seiten des Lebens empfänglich, während du gleichzeitig darüber nachdenkst, was dir Gutes widerfahren ist.

EINE ROUTINE ENTWICKELN

Sich jeden Tag, oder alle paar Tage, für ein paar Minuten seinem Journal zu widmen, bringt sehr viel mehr als eine einzelne, lange Sitzung. Denn Dankbarkeit erfordert, wie andere Fähigkeiten auch, regelmäßiges Training. Nur so kannst du diesen Teil deines Gehirns trainieren, und lernst zudem, das Leben bewusster zu genießen.

ICH BIN DANKBAR

ÜBERLEGE DIR, WOFÜR DU IN DEINEM LEBEN DANKBAR BIST, UND WARUM. ICH BIN DANKBAR FÜR...

MEINE FAMILIE, DENN...

MEINE FREUNDE, DENN...

MEINE KARRIERE, DENN...

MEINEN KÖRPER, DENN...

MEINE VERGANGENHEIT, DENN...

....

....

....

MEINE FÄHIGKEIT, ...

....

....

....

MEINEN ZUGANG ZU...

....

....

....

....

....

....

MEINE LIEBE ZU...

....

....

....

....

....

....

MEINE ERZIEHUNG, DENN...

....

....

....

LASST UNS DAS TUN, WAS WIR

lieben

UND ZWAR HÄUFIG

ZWECKORIENTIERTER ZEITVERTREIB

LESEN, SCHWIMMEN, BRIEFMARKEN SAMMELN, SCHACH SPIELEN – EIN HOBBY BRINGT NICHT NUR SPASS, SONDERN IST AUCH GUT FÜR UNSER WOHLBEFINDEN. EINE VIELVERSPRECHENDE KOMBINATION!

ZEIT FÜR DICH

Ein Hobby bedeutet, sich Zeit für sich selbst zu nehmen. Ob wir nun allein ein Buch lesen oder in einer Gruppe Sport machen – dabei tun wir etwas, das wir lieben. Das ist nicht nur gut für unser Gemüt, sondern auch für unser körperliches Wohlbefinden. Kreative Hobbys wie Zeichnen, Backen oder Stricken, intellektuelle Beschäftigungen, wie Puzzeln oder eine neue Sprache lernen, und sportliche Aktivitäten, wie Schwimmen oder Fußballspielen, können deine Lebensqualität verbessern.

STRESSABBAU

Studien belegen, dass wir, wenn wir einem Hobby nachgehen, um bis zu 34 Prozent weniger gestresst und um bis zu 18 Prozent weniger traurig sind. Aus dem einfachen Grund, dass wir uns dann Zeit für uns selbst nehmen, entspannter und zufriedener sind. Sich einer Aufgabe zu widmen, die Spaß macht, sorgt dafür, dass wir loslassen und den Moment genießen. Außerdem ist ein Hobby etwas, worauf du dich schon im Vorfeld freuen kannst – die Aussicht darauf macht alles andere ein bisschen einfacher oder zumindest etwas erträglicher.

BRAIN POWER

Wann immer wir einem Hobby nachgehen, nutzen wir unsere Gehirnzellen – ob wir nun an einem Modellflugzeug tüfteln oder uns eine Strategie überlegen, um ein Hockeyspiel zu gewinnen. Nicht nur unsere kognitiven Fähigkeiten werden dabei trainiert, sondern auch unsere Aufmerksamkeit und unsere Konzentrationsfähigkeit. Und da uns Dinge, die wir gern tun, meist besonders gut gelingen, wird obendrein noch unser Selbstvertrauen gestärkt.

KONTAKTE

Durch unsere Hobbys kommen wir mit Menschen zusammen, die sich für dieselben Dinge begeistern wie wir. Einer Community beizutreten, hat viele Vorteile: Neue Kontakte und Bekanntschaften sind gut für unser seelisches Befinden, und zwischenmenschliche Beziehungen fördern unsere Gesundheit.

5 BESONDERS SINNVOLLE HOBBYS

JEDES HOBBY HAT SEINE BERECHTIGUNG, ABER EINIGE SIND ECHTE ALLESKÖNNER: SIE SIND GUT FÜR DEIN KÖRPERLICHES UND GEISTIGES BEFINDEN, SIE VERBESSERN KOORDINATION, WISSEN ODER KONDITION, UND TRAGEN SO ENTSCHEIDEND ZU DEINEM WOHLBEFINDEN BEI.

STRATEGIESPIELE

Spiele wie Schach oder Sudoku kombinieren Spaß mit Denksport. Beim Schach werden beide Gehirnhälften beansprucht (die eine Hälfte erkennt Objekte, die andere Muster). Außerdem trainieren wir dabei unser Gedächtnis und unser strategisches Denken.

EIN GUTES BUCH

Lesen und Schreiben sind nicht nur ein schöner Zeitvertreib, sondern auch ein Ventil für die eigene Kreativität. Nach einem stressigen Tag kannst du all deinen Problemen entfliehen, indem du dich von einem Buch in eine andere Welt entführen lässt oder selber zu Stift und Papier greifst.

BALLSPORT

Mannschaftsportarten bringen nicht nur Spaß, sondern sind auch ein gutes Training, um körperlich fit zu bleiben. Außerdem werden dabei Sozialverhalten, Teambuilding und strategisches Denken gefördert – allesamt Dinge, die sich positiv auf dein geistiges Befinden auswirken.

EINE BESONDERE LEIDENSCHAFT

Philatelie oder Astrologie dienen der Entspannung und sind dabei eine gute Alternative zu Videospielen & Co. Obendrein verbessern sie deine geistigen Fähigkeiten. Beim Briefmarkensammeln übst du dich zum Beispiel in Geduld und Konzentration. Astrologie wiederum hilft dir, dich selbst besser kennen zu lernen, dein Potenzial zu erkennen und spirituell zu wachsen.

LERNE, DICH SELBST ZU VERTEIDIGEN

Bei Kampfsportarten, wie beispielswiese Karate, kannst du deine Balance, Ausdauer und Koordination verbessern und übst dich außerdem in Selbstdisziplin. Sie sind nicht nur ein gutes körperliches Training, etwa in puncto Kräftigung und Flexibilität, sondern helfen auch bei Stress und innerer Unruhe. Denn auch beim Kampfsport kommt es vor allem auf die Atmung und Selbstbeherrschung an.

DEINE LIEBLINGS-BESCHÄFTIGUNGEN

Schreibe auf, was du am liebsten in deiner Freizeit machst, und inwieweit dir das geistig und körperlich guttut. Dadurch wirst du diese Hobbys besonders wertschätzen.

HOBBY NR. 1

HOBBY NR. 2

HOBBY NR. 3

HOBBY NR. 4

HOBBY NR. 5

DER GRÖSSTE
FEIND DER
Kreativität
IST DER
SELBSTZWEIFEL

SEI KREATIV!

KUNST KANN BERUHIGEND WIRKEN; DU KONZENTRIERST DICH DABEI AUF EINE BESTIMMTE TÄTIGKEIT UND BIST GANZ „IM MOMENT“. AUSSERDEM HAT KUNST DIE FÄHIGKEIT, UNS GLÜCKLICH ZU MACHEN.

Wegen ihrer positiven Wirkung auf unsere geistige und körperliche Verfassung ist Kunst – so die Meinung vieler Psychologen – genauso wichtig wie Ernährung, Sport und Meditation. Vielleicht betrachten wir Kreativität nicht unbedingt als menschliches Grundbedürfnis, doch für unser Wohlbefinden spielt sie eine zentrale Rolle.

WARUM IST KREATIVITÄT SO WICHTIG?

Bei kreativen Tätigkeiten öffnen wir unseren Geist und werden aktiv. Im Leben lernen wir ständig dazu, doch manchmal verfallen wir in bestimmte Denkmuster, was sich negativ auf unser allgemeines Wohlbefinden auswirkt. Indem wir künstlerisch und gestalterisch etwas Neues ausprobieren, lernen wir neue Denkansätze kennen. Alte Routinen durchbrechen? Mit Kunst ist das ganz einfach! Wie Untersuchungen zeigen, fördert Kreativität unsere Gesundheit – denn sie bildet und stärkt neuronale Netze im menschlichen Hirn. Darüber hinaus erhöht sich deine Lebensqualität, wenn du dich mit Dingen umgibst, die du magst, wertschätzt und schön findest.

KREATIV SEIN – ABER WIE?

Es gibt etliche Möglichkeiten, um sein kreatives Potenzial auszuschöpfen; und dazu musst du nicht einmal viel Geld ausgeben!

Falls du nicht die ‚richtigen‘ Utensilien hast, kannst du einfach Dinge aus dem Alltag benutzen: Mit Wattestäbchen oder zerknüllten Taschentüchern lassen sich Farbe und Tusche ebenso gut auftragen wie mit einem Pinsel oder Schwamm. In vielen Bastelläden gibt es spezielle Sets für Anfänger, damit man kostengünstig verschiedene kreative Hobbys ausprobieren kann. Und wer weiß, vielleicht entdeckst du dabei ja eine neue Leidenschaft!

EIN ZEICHEN SETZEN

VIELLEICHT WÜRDEST DU DICH SELBST NICHT ALS ‚KÜNSTLERTYP' BEZEICHNEN; DOCH IN JEDEM FALL SOLLTEST DU DIR SELBST – WIE EINER FREUNDIN – MUT ZUSPRECHEN UND DIR IN DEINEM KUNSTSCHAFFEN ALLE FREIHEITEN ZUGESTEHEN. KUNST MUSS NICHT UNBEDINGT EINSCHÜCHTERND SEIN!

MALEN NACH ZAHLEN

Malen nach Zahlen für Erwachsene erfreut sich gerade großer Beliebtheit, da es Kreativität und Meditation miteinander verbindet. Bei den entsprechenden Sets sind Farbpalette und Umrisslinien bereits vorgegeben, sodass du dir keine Sorgen um die Proportionen oder die Komposition zu machen brauchst!

FARBTHEORIE

Experimentiere mit Farben! In der Schule haben wir uns zwar mit Primär- und Sekundärfarben beschäftigt, aber wie diese Farben in Verbindung miteinander wirken, ist uns vermutlich entfallen. Probiere ungewöhnliche Farbkombinationen aus und beobachte ihre Wirkung: Wecken sie bei dir bestimmte Erinnerungen oder Assoziationen? Kreiere deine eigenen Farbmischungen, frei nach dem Motto „Was wäre, wenn…“.

TOB' DICH AUS!

Die bildenden Künste bieten eine tolle Möglichkeit, sich selbst kreativ auszudrücken. Dazu brauchst du nicht unbedingt einen Kurs zu besuchen oder einer Gruppe beizutreten, falls dir das zu verbindlich ist. Beim Malen kannst du dich ganz auf dein eigenes Schaffen konzentrieren, und lässt dabei wortwörtlich etwas aus dem Nichts entstehen! Genieße es, die Farben anzumischen, und denke nicht zu viel an das Endergebnis. Denn beim Herumexperimentieren (und Kunst sollte experimentell sein!) wirst du dir gewahr, was wirklich in deinem Kopf vor sich geht. Nicht umsonst heißt es unter Künstlern: Farben lügen nicht.

SCHLUSS MIT DEM PERFEKTIONISMUS

Als Kind haben die meisten von uns gerne Bilder gemalt, aber später wurde uns dann eingeredet, dass wir „nicht gut genug" seien. Befreien wir uns von solchen Denkmustern! Jede Art von Kunst – selbst vermeintlich schlechte Kunst – ist gut! Höre auf dein Gefühl und denke stets daran, dass du das nur für dich selbst und nicht für jemand anderen tust.

STILLLEBEN

Nicht ohne Grund sind Stillleben überall auf der Welt ein beliebtes Bildmotiv! Wähle ein paar Gegenstände aus deiner Wohnung aus und ordne sie unterschiedlich an. Fertige ein paar rasche Umrisszeichnungen an, um das bestmögliche Arrangement zu finden.

FINDE DEINEN STIL

Nimm dir etwas Zeit, um darüber nachzudenken, welche Art von Künstlerin du bist: Bist du geduldig und fertigst gerne akribische Detailzeichnungen an? Oder interessierst du dich eher für Themen wie Licht, Farbe und Stimmung? Überlege dir, was dich an deinen Lieblingsmalern fasziniert!

MIT DEN HÄNDEN GESTALTEN

SEI OFFEN FÜR NEUES! KÜNSTLERISCHE KREATIVITÄT KANN DICH AUCH IN ANDEREN BEREICHEN DEINES LEBENS WEITERBRINGEN. SUCHE DIR AUS DER FOLGENDEN LISTE EIN KREATIVES PROJEKT AUS.

STRICKEN

Stricken ist in vielerlei Hinsicht gut für die Gesundheit (sowohl die geistige als auch die körperliche). Du kommst dabei in den „Flow“ und vergisst irgendwann die Zeit. Außerdem hat Stricken den Vorteil, dass du dabei eigenhändig etwas produzierst. Interessant ist auch, dass immer gleiche Bewegungen die Ausschüttung von Serotonin (unser Schlafhormon) anregen.

Als Anfängerin suchst du dir am besten ein unkompliziertes Projekt aus, zum Beispiel einen Schal. Genieße das Stricken und beobachte, welche Sinne dabei angesprochen werden.

POSTKARTEN

Blanko-Postkarten sind unter anderem in Bastel- und Zeitungsläden erhältlich. Gestalte sie nach deinen persönlichen Vorlieben – mit Buntstiften, Malfarben oder Pastellkreide (letztere mit Haarspray fixieren!) – und schicke sie dann per Schneckenpost an deine Liebsten. Das Tolle an Postkarten ist, dass sie weder zu groß noch zu klein sind. Du bist kreativ, und gleichzeitig zeigst du den Menschen, die deine Karten bekommen, wie viel sie dir bedeuten und dass du an sie denkst.

COLLAGE

Die meisten von uns haben zuhause stapelweise alte Zeitschriften herumliegen. Kreieren wir daraus doch eine tolle Collage und sorgen zugleich für mehr Ordnung! Aus Texten lassen sich zum Beispiel Gedicht-Collagen anfertigen, oder auch ein Inspirationsboard, um deine Vorhaben und Ziele zu visualisieren. Halte Ausschau nach positiven Begriffen, nach Schriftarten und Designs, die dich ansprechen, oder nach Bildern, die auf dich beruhigend wirken. Anschließend darfst du nach Lust und Laune drauflos schneiden und kleben!

BACKEN

Wenn du Brotteig knetest, einen Kuchen verzierst oder Plätzchen ausstichst, ist das wie Meditieren; denn dabei besinnst du dich auf das Hier und Jetzt. Im Unterscheid zu anderen kreativen Hobbys wird beim Backen auch der Geschmackssinn angesprochen (beim Malen allerdings würden wir dringend davon abraten!). Zwar ist Backen, bis zu einem gewissen Grad, eine Wissenschaft, doch es bietet auch sehr viel kreative Freiheiten, zum Beispiel, was verschiedene Geschmackskombinationen angeht. Überlege dir auch während des Backens, woher all die Zutaten stammen, und lerne, diese wertzuschätzen.

TÖPFERN

Als Material zeichnet sich Ton durch seine besonderen, taktilen Eigenschaften aus. In unseren Fingerspitzen sitzen zahlreiche Nervenenden, und mit luftgetrocknetem Ton zu hantieren, kann in therapeutischer Hinsicht äußerst wirksam sein. Beim Töpfern verbindest du dich mit deinem Körper und mit dem, was du gerade siehst. Eine Töpferscheibe ist kein Muss; mit der Wulsttechnik kannst du ganz einfach Schalen oder Vasen töpfern; oder auch einen Brottopf (dazu musst du aus dem Ton einen Kasten formen). Auch Modelliermasse lässt sich sehr gut verarbeiten, zum Beispiel zu wunderschönen Schmuckkreationen.

MACH MAL LÄRM!

Jeder Mensch ist von Natur aus kreativ. Falls Zeichnen, Malen oder Gestalten nicht gerade deine Stärke ist, kannst du es auch mit Tanzen oder Singen probieren – das dient ebenfalls deinem Wohlbefinden, und der Einstieg ist ganz leicht. Mag sein, dass du seit der Schulzeit nicht mehr musiziert hast. Doch das macht nichts, denn ein Instrument zu lernen, wird dir auch heute noch guttun. Schüchterne Menschen können unter der Dusche singen – dort ist die Akustik hervorragend, und du wirst sofort besser gelaunt sein, wenn du deinen Lieblingssong trällerst.
Musizieren aktiviert unser Gehirn, und zwar beide Hirnhälften gleichermaßen! Sei nett zu dir selbst und erwarte nicht zu viel; schließlich wird niemand über Nacht zum musikalischen Wunderkind. Rede dir selbst gut zu, wenn du etwas Neues lernst. Überlege dir in Ruhe, was du dir von deinem neuen, kreativen Hobby versprichst: Holst du etwas nach, das dir in der Kindheit verwehrt blieb? Oder gibt es ein bestimmtes Musikstück, das du unbedingt lernen willst? Mit diesen Fragen kannst du deiner musikalischen Kreativität auf den Grund gehen.

ZENTANGLE DRAWING

Zentangle ist eine Zeichenmethode, die Entspannung und freies Zeichnen von wiederkehrenden Mustern miteinander verbindet. Durch das Zeichnen beliebiger Muster und Formen kommt dein Geist zur Ruhe. Ob Punkte, Linien, Streifen oder Rechtecke – folge einfach deiner Intuition!

ETWAS ZURÜCKGEBEN

INDEM DU ANDEREN HILFST, WIRST DU ZWAR NICHT DIE GANZE WELT VERÄNDERN, ABER DAS LEBEN EINES ANDEREN MENSCHEN. UND VIELLEICHT HILFST DU DAMIT AUCH DIR SELBST.

Anderen zu helfen, ist nicht bloß eine nette Geste. Du bewirkst damit etwas Gutes, sowohl für deine Mitmenschen als auch für dich selbst.

GESUNDHEIT

Forschungen haben gezeigt, dass Menschen zu helfen, nicht nur eine blutdrucksenkende Wirkung hat, sondern auch gegen Stress und Einsamkeit hilft, chronische Schmerzen lindert und deine Lebensdauer verlängert. Wenn du dich um andere kümmerst, liegt dein Augenmerk weniger auf deinen eigenen körperlichen Beschwerden; und deine Stimmung sowie dein allgemeines Wohlbefinden verbessern sich.

ANDERE ANSTECKEN

Der Wunsch, etwas zurückzugeben, ist ansteckend. Je öfter du anderen hilfst, desto mehr Menschen werden es dir gleichtun wollen. Das ist das Schönste daran!

GLÜCKLICHSEIN

Ob wir ehrenamtlich im Krankenhaus arbeiten, einer Freundin helfen oder einen Kollegen fragen, wie es ihm geht – mit Freundlichkeit lässt sich viel bewirken. Wenn wir aus freien Stücken etwas Nettes tun, steigert das unser Selbstwertgefühl; es macht uns sanfter, empathischer und hilfsbereiter. Etwas zurückzugeben stiftet Sinn, denn wir tun dabei etwas Wertvolles und knüpfen eventuell sogar neue Beziehungen und Freundschaften.

FREUNDLICHKEIT KOSTET NICHTS. JEDER KANN SIE IN DIE TAT UMSETZEN.

HILF DIR SELBST!

Anderen zu helfen, tut auch dir selbst gut. Es verändert deine Sichtweise. Wenn du dich zum Beispiel in einer Sonderschule engagierst, wirst du vermutlich zu der Einsicht kommen, dass deine Probleme gar nicht so groß sind wie gedacht, und dass du dich im Grunde glücklich schätzen kannst. Ein Schulkind zu betreuen und dessen Fortschritte zu beobachten, kann sehr erfüllend sein und deine Selbstachtung stärken. Zudem haben Menschen, die sich in ihrer Gemeinde engagieren, oft eine sehr positive Lebenseinstellung.

FREUNDLICHKEIT ZÄHLT!

EIN AKT DER FREUNDLICHKEIT KANN VIEL BEWIRKEN. HIER STELLEN WIR DIR 5 MÖGLICHKEITEN VOR, WIE DU ANDEREN HELFEN UND DABEI SELBST PROFITIEREN KANNST.

SPENDEN

Du kannst deine Zeit spenden, während du in einer Suppenküche arbeitest oder bei einer Hilfsaktion mitmachst; du kannst Spielsachen für Waisenkinder spenden, Lebensmittelkonserven zur Tafel bringen oder eine Kleiderspende machen. Damit hilfst du nicht nur Bedürftigen, sondern entwickelst dich selbst auch zu einem besseren Menschen.

ADOPTIEREN

Wenn man ein Tier aus dem Tierheim, oder gar ein Kind, adoptiert, leistet man einen bedeutenden Beitrag zur Gesellschaft. Nicht nur wirst du ihm ein Dach über dem Kopf, einen Schlafplatz und zu essen geben – du wirst ihm auch deine Liebe und Zuneigung schenken, und diese wiederum zurückbekommen. Also eine Win-Win-Situation!

NOCH MEHR SPENDEN

Wenn du Blut-, oder Organspender wirst, kannst du auf eine andere Weise Leben retten. Der Bedarf an Blutkonserven ist hoch, und das Spenden geht schnell. Wenn du ein Organspender bist, können deine Organe, im Falle deines Todes, einem anderen Menschen das Leben retten. Dein eigenes Leben bekommt dadurch einen tieferen Sinn.

DEINER GEMEINDE DIENEN

Deine Gemeinde kannst du auf unterschiedlichste Weise unterstützen: Du kannst im Seniorenheim aushelfen oder dich bei der Freiwilligen Feuerwehr engagieren, du kannst Schulkinder betreuen, bei den Pfadfindern mitmachen oder eine Jugendmannschaft trainieren. Wenn du nicht gerne unter Leuten bist, beteilige dich an einer Müllsammelaktion, arbeite in einem Gemeinschaftsgarten oder sammele Spenden.

GEBEN IST DER GRÖSSTE AKT DER GNADE

HILF DEINEN NÄCHSTEN

Etwas zurückzugeben, muss nicht notgedrungen mit viel Aufwand verbunden sein oder den ganzen Tag dauern. Fange klein an, zum Beispiel indem du für einen Freund oder Nachbarn den Rasen mähst oder etwas im Haus erledigst. Hilf älteren Menschen über die Straße oder hilf jemandem, den Kinderwagen in die Bahn zu heben.

ZUFÄLLIGE GUTE TATEN

Überlege dir, wie du anderen eine Freude bereiten könntest – sowohl Fremden als auch Menschen, die du kennst. Eine Kleinigkeit reicht schon aus, zum Beispiel, wenn du deinem Nachbarn in der Schlange vorm Café einen Kaffee spendierst, wenn du jemandem Blumen vor die Tür stellst, oder irgendetwas tust, das einem anderen Menschen wirklich weiterhilft. Vielleicht könntest du für einen älteren Nachbarn einkaufen gehen oder ihm ein Stück selbstgebackenen Kuchen vorbeibringen?

Zufällige gute Taten ....

Ein ganzer Tag ....

Wie hast du dich dabei gefühlt? ....

....

Zufällige gute Taten ....

Ein ganzer Tag ....

Wie hast du dich dabei gefühlt? ....

....

Zufällige gute Taten ....

Ein ganzer Tag ....

Wie hast du dich dabei gefühlt? ....

....

Zufällige gute Taten ....

Ein ganzer Tag ....

Wie hast du dich dabei gefühlt? ....

....

Zufällige gute Taten ....

Ein ganzer Tag ....

Wie hast du dich dabei gefühlt? ....

....

Zufällige gute Taten ....

Ein ganzer Tag ....

Wie hast du dich dabei gefühlt? ....

....

Zufällige gute Taten ....

Ein ganzer Tag ....

Wie hast du dich dabei gefühlt? ....

....

Zufällige gute Taten ....

Ein ganzer Tag ....

Wie hast du dich dabei gefühlt? ....

....

SCHLAF IST DIE BESTE *Meditation*

SCHLAF GUT!

WÄHREND WIR SCHLAFEN, ERHOLT SICH UNSER KÖRPER, UND UNSER HIRN VERARBEITET INFORMATIONEN. AUCH WENN DAS PHÄNOMEN SCHLAF DER FORSCHUNG IMMER NOCH VIELE RÄTSEL AUFGIBT, WISSEN WIR DOCH LÄNGST, DASS AUSREICHEND SCHLAF ENORM WICHTIG FÜR UNS IST!

Für unser allgemeines Wohlbefinden spielt Schlaf eine ebenso große Rolle wie Ernährung und Sport. Schlafen kostet keine Mühe, oder? Immerhin heißt es ja „etwas im Schlafe beherrschen". Doch tatsächlich leiden viele Menschen unter Schlafmangel oder Schlafproblemen. Wie viele Stunden Schlaf ein Mensch benötigt, kann individuell sehr unterschiedlich sein.

Wenn du unter Schlafstörungen leidest, solltest du dieses Problem zwar bewusst angehen, aber nicht zu viel Druck aufbauen. Das würde nur für zusätzlichen Stress und innere Unruhe sorgen. Versuche stattdessen, deine Gefühle anzunehmen, ohne sie zu bewerten.

WAS PASSIERT IM SCHLAF?

Im Schlaf übernimmt deine innere Uhr das Kommando. Vielleicht hast du schonmal den Begriff zirkadianer Rhythmus, oder Biorhythmus, gehört? Dieser nimmt Einfluss auf unser Schlafverhalten. Neben Licht und Dunkelheit reagiert deine innere Uhr auf weitere, ‚antrainierte' Signale, die deinen Körper wissen lassen, dass es bald Zeit zum Schlafengehen ist. Gegen Abend schüttet dein Körper Melatonin (unser Schlafhormon) aus; und wenn die Sonne aufgeht, wird Kortisol freigesetzt. Unser Biorhythmus kann durch verschiedene Faktoren gestört werden: Fernsehbildschirme, Handys, Zucker und viele mehr.

SCHLAF UND GESUNDHEIT

Schlechter oder zu wenig Schlaf schwächt unsere geistige und körperliche Gesundheit. Kurz gesagt: Schlaf hilft deinem Gehirn und deinem Körper zu funktionieren. Während du schläfst, wappnest du dich für die Herausforderungen des nächsten Tages.

Ein Schlafdefizit hat Auswirkungen auf unser Gehirn; gut möglich, dass wir unsere Gefühle dann nicht mehr unter Kontrolle haben, dass wir antriebslos oder gereizt sind. Leider führt Schlafmangel häufig zu Depressionen, und Depressionen führen wiederum zu Schlafstörungen – ein Teufelskreis, den es zu durchbrechen gilt.

DER PERFEKTE SCHLAFPLATZ

DER MENSCH VERBRINGT IM DURCHSCHNITT 33 JAHRE SEINES LEBENS IM BETT! GUTER SCHLAF IST DIE VORAUSSETZUNG, UM TAGSÜBER WACH UND FOKUSSIERT ZU SEIN; AUSSERDEM TRÄGT ER ZUR GEWICHTSKONTROLLE UND ZU EINER GESUNDEN PSYCHE BEI. SCHAFFE IN DEINEM SCHLAFZIMMER DIE OPTIMALEN BEDINGUNGEN FÜR RUHIGE, ERHOLSAME NÄCHTE!

KISSEN AUSTAUSCHEN

Mal ehrlich: Wann hast du dein Kissen gekauft? Oftmals schlafen wir auf uralten Kissen, die den Nacken nicht mehr ausreichend stützen. Dabei gibt es für jeden Schlaftyp spezielle Kissen – für Bauch-, Rücken- oder Seitenschläfer. Also gönne dir ein neues Kissen und spüre den Unterschied!

FÜR ABKÜHLUNG SORGEN

Ein warmes, gemütliches Schlafzimmer ist natürlich verlockend, aber wusstest du schon, dass Überhitzung die häufigste Ursache für unruhigen Schlaf ist? Damit du gut einschlafen (und durchschlafen) kannst, muss dein Körper seine Kerntemperatur senken. In heißen Regionen lässt sich die Temperatur im Schlafzimmer zum Beispiel mithilfe eines Ventilators reduzieren (der obendrein noch Weißes Rauschen erzeugt).

DUNKELHEIT

Dass Helligkeit uns wachhält, ist kein Geheimnis. Störendes Licht ist im Schlafzimmer also fehl am Platz! Wenn du deinen Schlafzyklus zurücksetzen willst, sorge für ausreichend Dunkelheit! Rollos oder schwere Vorhänge (die gleichzeitig Geräusche dämpfen) sind eine lohnende Investition; außerdem solltest du grelles Licht am Abend vermeiden.

AUFRÄUMEN

Eine unordentliche Umgebung verursacht Stress, erst recht im Schlafzimmer. Bevor du einschläfst, willst du schließlich nicht daran erinnert werden, was du alles nicht geschafft hast. Nimm dir kurz Zeit, um das Chaos zu beseitigen! Sammele herumliegende Kleidungsstücke auf, räume deinen Nachttisch auf und versuche, dein Schlafzimmer ordentlich zu halten!

ELEKTRONISCHE GERÄTE ABSCHALTEN

Am besten verzichtest du 30 Minuten vor dem Schlafengehen darauf, Quellen für blaues Licht zu benutzen (Fernseher, Tablet, Handy etc.). Das blaue Licht deines Handybildschirms hemmt zum Beispiel die Produktion von Melatonin (das Hormon, das deinen Schlafzyklus bestimmt). Außerdem könntest du dich unnötig aufregen, wenn du spätabends noch etwas auf dem Handy liest oder anschaust. Besser, du gönnst deinem Geist etwas Ruhe, indem du dein Handy einfach weglegst!

SCHLAF-MONITORING – SO GEHT'S

MONTAG

Wie viele Stunden hast du geschlafen? ....

Wie würdest du deine Schlafqualität beurteilen? ....

....

Hast du etwas Gutes/Schlechtes geträumt? ....

Was hast du vor dem Schlafengehen gemacht? ....

....

DIENSTAG

Wie viele Stunden hast du geschlafen? ....

Wie würdest du deine Schlafqualität beurteilen? ....

....

Hast du etwas Gutes/Schlechtes geträumt? ....

Was hast du vor dem Schlafengehen gemacht? ....

....

MITTWOCH

Wie viele Stunden hast du geschlafen? ....

Wie würdest du deine Schlafqualität beurteilen? ....

....

Hast du etwas Gutes/Schlechtes geträumt? ....

Was hast du vor dem Schlafengehen gemacht? ....

....

DONNERSTAG

Wie viele Stunden hast du geschlafen? ....

Wie würdest du deine Schlafqualität beurteilen? ....

....

Hast du etwas Gutes/Schlechtes geträumt? ....

Was hast du vor dem Schlafengehen gemacht? ....

....

FREITAG

Wie viele Stunden hast du geschlafen? ....

Wie würdest du deine Schlafqualität beurteilen? ....

....

Hast du etwas Gutes/Schlechtes geträumt? ....

Was hast du vor dem Schlafengehen gemacht? ....

....

SAMSTAG

Wie viele Stunden hast du geschlafen? ....

Wie würdest du deine Schlafqualität beurteilen? ....

....

Hast du etwas Gutes/Schlechtes geträumt? ....

Was hast du vor dem Schlafengehen gemacht? ....

....

SONNTAG

Wie viele Stunden hast du geschlafen? ....

Wie würdest du deine Schlafqualität beurteilen? ....

....

Hast du etwas Gutes/Schlechtes geträumt? ....

Was hast du vor dem Schlafengehen gemacht? ....

....

66 Tage

JOURNALING FÜR MEHR WOHLBEFINDEN

LEGE DEN FOKUS BEI DEINER TAGESPLANUNG AUF DEIN WOHLBEFINDEN! HIER ZEIGEN WIR DIR, WIE DU EINEN TAGESABLAUF ENTWICKELST, DER ACHTSAMKEIT UND POSITIVES DENKEN FÖRDERT.

In erster Linie soll dich dieses Wohlfühl-Journal dazu motivieren, jeden einzelnen Tag für dein Wohlbefinden zu sorgen. Also stellen wir dich vor eine Herausforderung: Die folgenden 66 Seiten stehen für 66 Tage. Du sollst jeden Tag dokumentieren, wie du geschlafen hast, ob du Sport gemacht und was du gegessen hast. Außerdem wirst du aufgefordert, über die positiven Ereignisse des Tages nachzudenken und dich in Dankbarkeit zu üben. Deine Aufgabe ist es, das Ganze 66 Tage lang durchzuhalten und schließlich eine positive Routine zu entwickeln, die dir hilft, dein Wohlbefinden zu steigern.

TAG 1

Meine Pläne für heute:

Schlafqualität:

Schlafdauer (in Stunden):

Sportliche Aktivitäten:

Heute habe ich Folgendes gegessen:

Meine heutige Self-Care:

Das Beste am heutigen Tag:

Dafür bin ich heute dankbar:

Mood tracker:

TAG 2

Meine Pläne für heute:

Schlafqualität:

Schlafdauer (in Stunden):

Sportliche Aktivitäten:

Heute habe ich Folgendes gegessen:

Meine heutige Self-Care:

Das Beste am heutigen Tag:

Dafür bin ich heute dankbar:

Mood tracker:

TAG 3

Meine Pläne für heute:

Schlafqualität:

Schlafdauer (in Stunden):

Heute habe ich Folgendes gegessen:

Sportliche Aktivitäten:

Meine heutige Self-Care:

Das Beste am heutigen Tag:

Dafür bin ich heute dankbar:

Mood tracker:

TAG 4

Meine Pläne für heute:

Schlafqualität:

Schlafdauer (in Stunden):

Sportliche Aktivitäten:

Heute habe ich Folgendes gegessen:

Meine heutige Self-Care:

Das Beste am heutigen Tag:

Dafür bin ich heute dankbar:

Mood tracker:

TAG 5

Meine Pläne für heute:

Schlafqualität:

Sportliche Aktivitäten:

Schlafdauer (in Stunden):

Heute habe ich Folgendes gegessen:

Meine heutige Self-Care:

Das Beste am heutigen Tag:

Dafür bin ich heute dankbar:

Mood tracker:

TAG 6

Meine Pläne für heute:

Schlafqualität:

Schlafdauer (in Stunden):

Sportliche Aktivitäten:

Heute habe ich Folgendes gegessen:

Meine heutige Self-Care:

Das Beste am heutigen Tag:

Dafür bin ich heute dankbar:

Mood tracker:

TAG 7

Meine Pläne für heute:

Schlafqualität:

Sportliche Aktivitäten:

Schlafdauer (in Stunden):

Heute habe ich Folgendes gegessen:

Meine heutige Self-Care:

Das Beste am heutigen Tag:

Dafür bin ich heute dankbar:

Mood tracker:

TAG 8

Meine Pläne für heute:

Schlafqualität:

Schlafdauer (in Stunden):

Sportliche Aktivitäten:

Heute habe ich Folgendes gegessen:

Meine heutige Self-Care:

Das Beste am heutigen Tag:

Dafür bin ich heute dankbar:

Mood tracker:

TAG 9

Meine Pläne für heute:

Schlafqualität:

Schlafdauer (in Stunden):

Sportliche Aktivitäten:

Heute habe ich Folgendes gegessen:

Meine heutige Self-Care:

Das Beste am heutigen Tag:

Dafür bin ich heute dankbar:

Mood tracker:

TAG 10

Meine Pläne für heute:

Schlafqualität:

Schlafdauer (in Stunden):

Sportliche Aktivitäten:

Heute habe ich Folgendes gegessen:

Meine heutige Self-Care:

Das Beste am heutigen Tag:

Dafür bin ich heute dankbar:

Mood tracker:

TAG 11

Meine Pläne für heute:

Schlafqualität:

Schlafdauer (in Stunden):

Sportliche Aktivitäten:

Heute habe ich Folgendes gegessen:

Meine heutige Self-Care:

Das Beste am heutigen Tag:

Dafür bin ich heute dankbar:

Mood tracker:

TAG 12

Meine Pläne für heute:

Schlafqualität:

Sportliche Aktivitäten:

Schlafdauer (in Stunden):

Heute habe ich Folgendes gegessen:

Meine heutige Self-Care:

Das Beste am heutigen Tag:

Dafür bin ich heute dankbar:

Mood tracker:

TAG 13

Meine Pläne für heute:

Schlafqualität:

Sportliche Aktivitäten:

Schlafdauer (in Stunden):

Heute habe ich Folgendes gegessen:

Meine heutige Self-Care:

Das Beste am heutigen Tag:

Dafür bin ich heute dankbar:

Mood tracker:

TAG 14

Meine Pläne für heute:

Schlafqualität:

Schlafdauer (in Stunden):

Sportliche Aktivitäten:

Heute habe ich Folgendes gegessen:

Meine heutige Self-Care:

Das Beste am heutigen Tag:

Dafür bin ich heute dankbar:

Mood tracker:

TAG 15

Meine Pläne für heute:

Schlafqualität:

Sportliche Aktivitäten:

Schlafdauer (in Stunden):

Heute habe ich Folgendes gegessen:

Meine heutige Self-Care:

Das Beste am heutigen Tag:

Dafür bin ich heute dankbar:

Mood tracker:

TAG 16

Meine Pläne für heute:

Schlafqualität:

Schlafdauer (in Stunden):

Sportliche Aktivitäten:

Heute habe ich Folgendes gegessen:

Meine heutige Self-Care:

Das Beste am heutigen Tag:

Dafür bin ich heute dankbar:

Mood tracker:

TAG 17

Meine Pläne für heute:

Schlafqualität:

Schlafdauer (in Stunden):

Sportliche Aktivitäten:

Heute habe ich Folgendes gegessen:

Meine heutige Self-Care:

Das Beste am heutigen Tag:

Dafür bin ich heute dankbar:

Mood tracker:

TAG 18

Meine Pläne für heute:

Schlafqualität:

Schlafdauer (in Stunden):

Sportliche Aktivitäten:

Heute habe ich Folgendes gegessen:

Meine heutige Self-Care:

Das Beste am heutigen Tag:

Dafür bin ich heute dankbar:

Mood tracker:

TAG 19

Meine Pläne für heute:

Schlafqualität:

Sportliche Aktivitäten:

Schlafdauer (in Stunden):

Heute habe ich Folgendes gegessen:

Meine heutige Self-Care:

Das Beste am heutigen Tag:

Dafür bin ich heute dankbar:

Mood tracker:

TAG 20

Meine Pläne für heute:

Schlafqualität:

Schlafdauer (in Stunden):

Sportliche Aktivitäten:

Heute habe ich Folgendes gegessen:

Meine heutige Self-Care:

Das Beste am heutigen Tag:

Dafür bin ich heute dankbar:

Mood tracker:

TAG 21

Meine Pläne für heute:

Schlafqualität:

Sportliche Aktivitäten:

Schlafdauer (in Stunden):

Heute habe ich Folgendes gegessen:

Meine heutige Self-Care:

Das Beste am heutigen Tag:

Dafür bin ich heute dankbar:

Mood tracker:

TAG 22

Meine Pläne für heute:

Schlafqualität:

Sportliche Aktivitäten:

Schlafdauer (in Stunden):

Heute habe ich Folgendes gegessen:

Meine heutige Self-Care:

Das Beste am heutigen Tag:

Dafür bin ich heute dankbar:

Mood tracker:

TAG 23

Meine Pläne für heute:

Schlafqualität:

Schlafdauer (in Stunden):

Sportliche Aktivitäten:

Heute habe ich Folgendes gegessen:

Meine heutige Self-Care:

Das Beste am heutigen Tag:

Dafür bin ich heute dankbar:

Mood tracker:

TAG 24

Meine Pläne für heute:

Schlafqualität:

Sportliche Aktivitäten:

Schlafdauer (in Stunden):

Heute habe ich Folgendes gegessen:

Meine heutige Self-Care:

Das Beste am heutigen Tag:

Dafür bin ich heute dankbar:

Mood tracker:

TAG 25

Meine Pläne für heute:

Schlafqualität:

Sportliche Aktivitäten:

Schlafdauer (in Stunden):

Heute habe ich Folgendes gegessen:

Meine heutige Self-Care:

Das Beste am heutigen Tag:

Dafür bin ich heute dankbar:

Mood tracker:

TAG 26

Meine Pläne für heute:

Schlafqualität:

Schlafdauer (in Stunden):

Sportliche Aktivitäten:

Heute habe ich Folgendes gegessen:

Meine heutige Self-Care:

Das Beste am heutigen Tag:

Dafür bin ich heute dankbar:

Mood tracker:

TAG 27

Meine Pläne für heute:

Schlafqualität:

Sportliche Aktivitäten:

Schlafdauer (in Stunden):

Heute habe ich Folgendes gegessen:

Meine heutige Self-Care:

Das Beste am heutigen Tag:

Dafür bin ich heute dankbar:

Mood tracker:

TAG 28

Meine Pläne für heute:

Schlafqualität:

Sportliche Aktivitäten:

Schlafdauer (in Stunden):

Heute habe ich Folgendes gegessen:

Meine heutige Self-Care:

Das Beste am heutigen Tag:

Dafür bin ich heute dankbar:

Mood tracker:

TAG 29

Meine Pläne für heute:

Schlafqualität:

Sportliche Aktivitäten:

Schlafdauer (in Stunden):

Heute habe ich Folgendes gegessen:

Meine heutige Self-Care:

Das Beste am heutigen Tag:

Dafür bin ich heute dankbar:

Mood tracker:

TAG 30

Meine Pläne für heute:

Schlafqualität:

Sportliche Aktivitäten:

Schlafdauer (in Stunden):

Heute habe ich Folgendes gegessen:

Meine heutige Self-Care:

Das Beste am heutigen Tag:

Dafür bin ich heute dankbar:

Mood tracker:

TAG 31

Meine Pläne für heute:

Schlafqualität:

Schlafdauer (in Stunden):

Sportliche Aktivitäten:

Heute habe ich Folgendes gegessen:

Meine heutige Self-Care:

Das Beste am heutigen Tag:

Dafür bin ich heute dankbar:

Mood tracker:

TAG 32

Meine Pläne für heute:

Schlafqualität:

Schlafdauer (in Stunden):

Heute habe ich Folgendes gegessen:

Sportliche Aktivitäten:

Meine heutige Self-Care:

Das Beste am heutigen Tag:

Dafür bin ich heute dankbar:

Mood tracker:

TAG 33

Meine Pläne für heute:

Schlafqualität:

Schlafdauer (in Stunden):

Sportliche Aktivitäten:

Heute habe ich Folgendes gegessen:

Meine heutige Self-Care:

Das Beste am heutigen Tag:

Dafür bin ich heute dankbar:

Mood tracker:

TAG 34

Meine Pläne für heute:

Schlafqualität:

Sportliche Aktivitäten:

Schlafdauer (in Stunden):

Heute habe ich Folgendes gegessen:

Meine heutige Self-Care:

Das Beste am heutigen Tag:

Dafür bin ich heute dankbar:

Mood tracker:

TAG 35

Meine Pläne für heute:

Schlafqualität:

Schlafdauer (in Stunden):

Sportliche Aktivitäten:

Heute habe ich Folgendes gegessen:

Meine heutige Self-Care:

Das Beste am heutigen Tag:

Dafür bin ich heute dankbar:

Mood tracker:

TAG 36

Meine Pläne für heute:

Schlafqualität:

Schlafdauer (in Stunden):

Sportliche Aktivitäten:

Heute habe ich Folgendes gegessen:

Meine heutige Self-Care:

Das Beste am heutigen Tag:

Dafür bin ich heute dankbar:

Mood tracker:

TAG 37

Meine Pläne für heute:

Schlafqualität:

Schlafdauer (in Stunden):

Sportliche Aktivitäten:

Heute habe ich Folgendes gegessen:

Meine heutige Self-Care:

Das Beste am heutigen Tag:

Dafür bin ich heute dankbar:

Mood tracker:

TAG 38

Meine Pläne für heute:

Schlafqualität:

Sportliche Aktivitäten:

Schlafdauer (in Stunden):

Heute habe ich Folgendes gegessen:

Meine heutige Self-Care:

Das Beste am heutigen Tag:

Dafür bin ich heute dankbar:

Mood tracker:

TAG 39

Meine Pläne für heute:

Schlafqualität:

Schlafdauer (in Stunden):

Heute habe ich Folgendes gegessen:

Sportliche Aktivitäten:

Meine heutige Self-Care:

Das Beste am heutigen Tag:

Dafür bin ich heute dankbar:

Mood tracker:

TAG 40

Meine Pläne für heute:

Schlafqualität:

Sportliche Aktivitäten:

Schlafdauer (in Stunden):

Heute habe ich Folgendes gegessen:

Meine heutige Self-Care:

Das Beste am heutigen Tag:

Dafür bin ich heute dankbar:

Mood tracker:

TAG 41

Meine Pläne für heute:

Schlafqualität:

Sportliche Aktivitäten:

Schlafdauer (in Stunden):

Heute habe ich Folgendes gegessen:

Meine heutige Self-Care:

Das Beste am heutigen Tag:

Dafür bin ich heute dankbar:

Mood tracker:

TAG 42

Meine Pläne für heute:

Schlafqualität:

Sportliche Aktivitäten:

Schlafdauer (in Stunden):

Heute habe ich Folgendes gegessen:

Meine heutige Self-Care:

Das Beste am heutigen Tag:

Dafür bin ich heute dankbar:

Mood tracker:

TAG 43

Meine Pläne für heute:

Schlafqualität:

Sportliche Aktivitäten:

Schlafdauer (in Stunden):

Heute habe ich Folgendes gegessen:

Meine heutige Self-Care:

Das Beste am heutigen Tag:

Dafür bin ich heute dankbar:

Mood tracker:

TAG 44

Meine Pläne für heute:

Schlafqualität:

Schlafdauer (in Stunden):

Sportliche Aktivitäten:

Heute habe ich Folgendes gegessen:

Meine heutige Self-Care:

Das Beste am heutigen Tag:

Dafür bin ich heute dankbar:

Mood tracker:

TAG 45

Meine Pläne für heute:

Schlafqualität:

Sportliche Aktivitäten:

Schlafdauer (in Stunden):

Heute habe ich Folgendes gegessen:

Meine heutige Self-Care:

Das Beste am heutigen Tag:

Dafür bin ich heute dankbar:

Mood tracker:

TAG 46

Meine Pläne für heute:

Schlafqualität:

Sportliche Aktivitäten:

Schlafdauer (in Stunden):

Heute habe ich Folgendes gegessen:

Meine heutige Self-Care:

Das Beste am heutigen Tag:

Dafür bin ich heute dankbar:

Mood tracker:

TAG 47

Meine Pläne für heute:

Schlafqualität:

Schlafdauer (in Stunden):

Sportliche Aktivitäten:

Heute habe ich Folgendes gegessen:

Meine heutige Self-Care:

Das Beste am heutigen Tag:

Dafür bin ich heute dankbar:

Mood tracker:

TAG 48

Meine Pläne für heute:

Schlafqualität:

Schlafdauer (in Stunden):

Sportliche Aktivitäten:

Heute habe ich Folgendes gegessen:

Meine heutige Self-Care:

Das Beste am heutigen Tag:

Dafür bin ich heute dankbar:

Mood tracker:

TAG 49

Meine Pläne für heute:

Schlafqualität:

Sportliche Aktivitäten:

Schlafdauer (in Stunden):

Heute habe ich Folgendes gegessen:

Meine heutige Self-Care:

Das Beste am heutigen Tag:

Dafür bin ich heute dankbar:

Mood tracker:

TAG 50

Meine Pläne für heute:

Schlafqualität:

Sportliche Aktivitäten:

Schlafdauer (in Stunden):

Heute habe ich Folgendes gegessen:

Meine heutige Self-Care:

Das Beste am heutigen Tag:

Dafür bin ich heute dankbar:

Mood tracker:

TAG 51

Meine Pläne für heute:

Schlafqualität:

Schlafdauer (in Stunden):

Sportliche Aktivitäten:

Heute habe ich Folgendes gegessen:

Meine heutige Self-Care:

Das Beste am heutigen Tag:

Dafür bin ich heute dankbar:

Mood tracker:

TAG 52

Meine Pläne für heute:

Schlafqualität:

Schlafdauer (in Stunden):

Sportliche Aktivitäten:

Heute habe ich Folgendes gegessen:

Meine heutige Self-Care:

Das Beste am heutigen Tag:

Dafür bin ich heute dankbar:

Mood tracker:

TAG 53

Meine Pläne für heute:

Schlafqualität:

Schlafdauer (in Stunden):

Sportliche Aktivitäten:

Heute habe ich Folgendes gegessen:

Meine heutige Self-Care:

Das Beste am heutigen Tag:

Dafür bin ich heute dankbar:

Mood tracker:

TAG 54

Meine Pläne für heute:

Schlafqualität:

Schlafdauer (in Stunden):

Sportliche Aktivitäten:

Heute habe ich Folgendes gegessen:

Meine heutige Self-Care:

Das Beste am heutigen Tag:

Dafür bin ich heute dankbar:

Mood tracker:

TAG 55

Meine Pläne für heute:

Schlafqualität:

Schlafdauer (in Stunden):

Sportliche Aktivitäten:

Heute habe ich Folgendes gegessen:

Meine heutige Self-Care:

Das Beste am heutigen Tag:

Dafür bin ich heute dankbar:

Mood tracker:

TAG 56

Meine Pläne für heute:

Schlafqualität:

Sportliche Aktivitäten:

Schlafdauer (in Stunden):

Heute habe ich Folgendes gegessen:

Meine heutige Self-Care:

Das Beste am heutigen Tag:

Dafür bin ich heute dankbar:

Mood tracker:

TAG 57

Meine Pläne für heute:

Schlafqualität:

Schlafdauer (in Stunden):

Sportliche Aktivitäten:

Heute habe ich Folgendes gegessen:

Meine heutige Self-Care:

Das Beste am heutigen Tag:

Dafür bin ich heute dankbar:

Mood tracker:

TAG 58

Meine Pläne für heute:

Schlafqualität:

Schlafdauer (in Stunden):

Sportliche Aktivitäten:

Heute habe ich Folgendes gegessen:

Meine heutige Self-Care:

Das Beste am heutigen Tag:

Dafür bin ich heute dankbar:

Mood tracker:

TAG 59

Meine Pläne für heute:

Schlafqualität:

Schlafdauer (in Stunden):

Sportliche Aktivitäten:

Heute habe ich Folgendes gegessen:

Meine heutige Self-Care:

Das Beste am heutigen Tag:

Dafür bin ich heute dankbar:

Mood tracker:

TAG 60

Meine Pläne für heute:

Schlafqualität:

Schlafdauer (in Stunden):

Sportliche Aktivitäten:

Heute habe ich Folgendes gegessen:

Meine heutige Self-Care:

Das Beste am heutigen Tag:

Dafür bin ich heute dankbar:

Mood tracker:

TAG 61

Meine Pläne für heute:

Schlafqualität:

Schlafdauer (in Stunden):

Heute habe ich Folgendes gegessen:

Sportliche Aktivitäten:

Meine heutige Self-Care:

Das Beste am heutigen Tag:

Dafür bin ich heute dankbar:

Mood tracker:

TAG 62

Meine Pläne für heute:

Schlafqualität:

Sportliche Aktivitäten:

Schlafdauer (in Stunden):

Heute habe ich Folgendes gegessen:

Meine heutige Self-Care:

Das Beste am heutigen Tag:

Dafür bin ich heute dankbar:

Mood tracker:

TAG 63

Meine Pläne für heute:

Schlafqualität:

Schlafdauer (in Stunden):

Sportliche Aktivitäten:

Heute habe ich Folgendes gegessen:

Meine heutige Self-Care:

Das Beste am heutigen Tag:

Dafür bin ich heute dankbar:

Mood tracker:

TAG 64

Meine Pläne für heute:

Schlafqualität:

Sportliche Aktivitäten:

Schlafdauer (in Stunden):

Heute habe ich Folgendes gegessen:

Meine heutige Self-Care:

Das Beste am heutigen Tag:

Dafür bin ich heute dankbar:

Mood tracker:

TAG 65

Meine Pläne für heute:

Schlafqualität:

Sportliche Aktivitäten:

Schlafdauer (in Stunden):

Heute habe ich Folgendes gegessen:

Meine heutige Self-Care:

Das Beste am heutigen Tag:

Dafür bin ich heute dankbar:

Mood tracker:

TAG 66

Meine Pläne für heute:

Schlafqualität:

Sportliche Aktivitäten:

Schlafdauer (in Stunden):

Heute habe ich Folgendes gegessen:

Meine heutige Self-Care:

Das Beste am heutigen Tag:

Dafür bin ich heute dankbar:

Mood tracker:

GESCHAFFT!

GLÜCKWUNSCH! DU HAST ES GESCHAFFT! 66 TAGE JOURNALING LIEGEN HINTER DIR! WIR HOFFEN, DU BEHÄLTST DIESE GEWOHNHEIT AUCH IN ZUKUNFT BEI. ABER NUN LASS UNS ERST EINMAL BILANZ ZIEHEN …

Was hast du gelernt?

Schreibe hier die wichtigste Lektion auf, die du während der letzten 66 Tage gelernt hast.

WAS HAT DICH ÜBERRASCHT?

WAS HAT DICH AM MEISTEN ÜBERRASCHT, ALS DU DICH ZUM ERSTEN MAL INTENSIV MIT DIR SELBST UND DEINEM WOHLBEFINDEN BEFASST HAST?

HAST DU DICH POSITIV VERÄNDERT?

INWIEWEIT HAT DICH DIESES WOHLFÜHL JOURNAL VERÄNDERT?
WIE FÜHLST DU DICH JETZT?

DEIN VERSPRECHEN

SCHREIBE AUF, WIE DU SICHERSTELLEN WILLST, DASS DU AUCH IN ZUKUNFT FÜR DICH UND DEIN WOHLBEFINDEN SORGST.

AN MEIN ZUKÜNFTIGES ICH…

SCHREIBE EINEN BRIEF AN DEIN ZUKÜNFTIGES ICH! DU KANNST IHN JEDERZEIT LESEN, SOLLTEST DU MAL IN ALTE VERHALTENSMUSTER VERFALLEN UND VERGESSEN, DICH UM DICH SELBST ZU KÜMMERN!

PLATZ FÜR DEINE SKRIBBLES UND NOTIZEN

Buchempfehlungen für Dich

Noch mehr Kreativ-Bücher zum gleichen Thema gesucht?

ISBN 978-3-7724-4438-8

ISBN 978-3-7724-7197-1

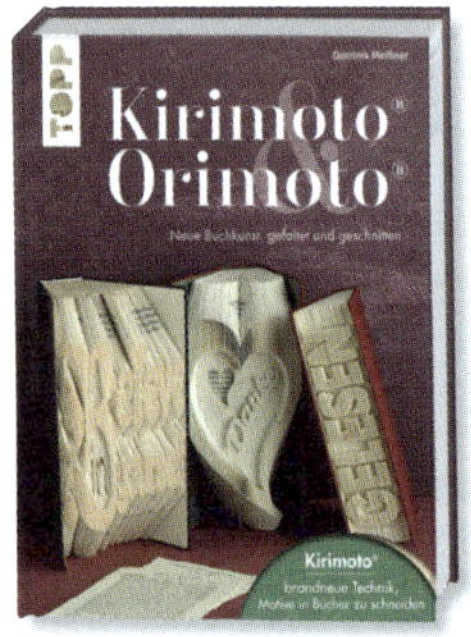

ISBN 978-3-7724-7809-3

ISBN 978-3-7724-4918-5

ISBN 978-3-7724-6857-5

ISBN 978-3-7724-4865-2

ISBN 978-3-7724-4853-9

ISBN 978-3-7724-8375-2

ISBN 978-3-7724-4750-1

Viele weitere Kreativ-Bücher findest du auf www.TOPP-kreativ.de

Entdecke auch unsere ....

ISBN 978-3-7724-4526-2

ISBN 978-3-7724-4916-1

ISBN 978-3-7724-7262-6

ISBN 978-3-7724-4925-3

ISBN 978-3-7724-4903-1

ISBN 978-3-7724-4559-0

ISBN 978-3-7724-4725-9

ISBN 978-3-7724-8371-4

ISBN 978-3-7724-6872-8

Wer wir sind, wie wir arbeiten, was wir lieben ...

Auf Instagram, Facebook und Pinterest finden Sie mehr über uns und unsere Arbeit und werden immer schnell und einfach mit den neuesten Infos versorgt.

Alle News, alle Infos und alle Links finden Sie auf www.TOPP-kreativ.de